VILLAGES DU
SUD-OUEST

VILLAGES DU
SUD-OUEST

PHOTOS CHRISTIAN SARRAMON
TEXTE ODILE DE ROQUETTE-BUISSON

RIVAGES

PRÉFACE

Ils sont nombreux, trop nombreux pour que l'on puisse les voir tous, ces villages dont l'histoire est intimement liée à celle du Sud-Ouest et de ces provinces méridionales qui devinrent un jour la France. On les découvre, se découpant sur le clair obscur du ciel aquitain, campés sur les plus hautes positions des collines, en sentinelles toujours vigilantes, comme si l'invasion menaçait encore ; ou bien lovés dans des vallons, cherchant à survivre auprès des rives de la belle Garonne, ou de l'un de ses humbles affluents.

Certes, le Sud-Ouest n'a et n'aura jamais l'attrait du vrai Sud, la fascination de la Côte d'Azur : ici, les saisons restent fantasques, les cieux sont sans cesse balayés de nuées chargées du sel de l'Atlantique, comme peut-être du sable de la Méditerranée. Pourtant ce que l'on retient vraiment d'un voyage n'est pas "le temps qu'il a fait", mais plus sûrement les moments de grâce que procure la visite émerveillée d'un lieu, petite église, ou place à l'architecture somptueuse, maisons à colombages dans l'ombre d'une ruelle silencieuse.

Laisser de côté le Sud-Ouest, ce serait se condamner à ne pas connaître vraiment notre pays.

Les Romains, déjà, nommaient cette région "Novempopulanie", pays des neuf peuples. Étendue et diversité très grandes du territoire expliquent à quel point cette province romaine fut difficile à gérer. De cette époque lointaine, restent d'assez nombreux vestiges, mis à jour par les fouilles archéologiques : de la Bigorre au Bordelais, du pays de Foix au Périgord et au Rouergue, il existe nombre de temples, amphithéâtres, thermes, piscines, villas, souvent isolés dans la pleine campagne ; ce sont les témoins de la pacification au temps du triumvir Crassus, dans les années 56 avant notre ère. Sans parler des villes, l'on peut citer "Lugdunum convenarum", actuelle "Saint-Bertrand de Comminges", qui fut fondée par Pompée. Eauze aussi, longtemps capitale de la Province, fut d'abord "Elusa".

Quelques siècles plus tard, hélas, la si prospère province romaine sera méconnaissable : elle aura eu à subir d'incessantes vagues dévastatrices de la part des envahisseurs barbares qui passèrent en hordes, tuant et pillant, détruisant irrémédiablement ou parfois cédant à la sédentarisation comme les Wisigoths qui laissèrent avant de devenir eux-mêmes des Francs, les traces d'une présence bénéfique. L'un de leurs rois, Alaric, a donné son nom au "bréviaire", considéré comme le premier code des droits et coutumes qui ait été rédigé dans notre pays.

Il faut citer aussi, très vite, les Arabes, et puis les Normands. Dans tout le Sud-Ouest se retrouvent des noms de lieux, des noms propres, et même des mots usuels dont la consonance trahit l'origine.

Jusque là, les péripéties vécues par les peuples du Sud-Ouest sont assez communes à l'ensemble de la France. Son histoire spécifique commence vraiment avec une "histoire d'amour" qui tourne mal, celle de la belle Aliénor !

Le nom de la petite duchesse d'Aquitaine peut être lié à l'évocation d'une longue période que certains historiens n'hésitent pas à appeler "la première guerre de cent ans", période qui va de l'échec matrimonial du roi Louis VII et d'Aliénor à la date du "traité de Paris" (1258). Par celui-ci le roi Saint-Louis espère régler définitivement une situation embrouillée, depuis que l'Aquitaine, terre française, est passée aux mains du Plantagenêt.

Aliénor, cette belle et raffinée méridionale, maintes fois chantée par les troubadours, va devenir à quinze ans l'épouse d'un jeune roi de France.

Le destin la fit même deux fois reine : Henri Plantagenêt, son deuxième époux est, en 1154, par héritage du roi Etienne, investi de la couronne d'Angleterre.

Jamais le roi de France ne se remit tout à fait de l'affront infligé par cette épouse, qui se remarie par amour avec un homme de dix ans de moins qu'elle ! Ce bonheur proclamé haut, à la face de la France et de l'Angleterre !

L'on peut imaginer combien tout le duché sera le théâtre de luttes incessantes, et à quel point il deviendra urgent, pour les deux parties, de construire ce qui sera la caractéristique des villages du Sud-Ouest, des "bastides", édifiées pour la défense des "âmes et des feux", dans ces temps terribles d'insécurité, où le vainqueur d'hier est le vaincu de demain, pour revenir à la charge et gagner à nouveau les positions

4

les arpenteurs avaient à dessiner le plan d'ensemble, et sa nécessaire ceinture de remparts.

Au centre, était réservé un espace large : ce sera la place, lieu de tous les rassemblements humains, religieux, commerciaux, politiques.

Très proche de ce "cœur", sera l'église, avec un vaste espace, prévu pour le cimetière. Rien d'étonnant à ce que la maison de Dieu soit en bonne place, présente dans la "bastide" : la ferveur religieuse est alors immense. Outre le rôle de sanctuaire où se rassembleront les villageois, l'église tient celui de guetteur : le ou les clochers, sont souvent munis de créneaux et de meurtrières. Leurs cloches appellent à l'office, mais aussi sonnent le tocsin.

Caractéristiques sont aussi les "couverts" : les étages des maisons surplombent un passage en galerie qui entoure la place, assez vaste pour que puissent circuler cavaliers, chars ou carrosses. Les façades des maisons reposent sur des arcades.

Autour de la place, s'ordonnent les rues. Ce ne sont plus les venelles sombres et tortueuses du Moyen-Age, mais des voies quadrillées, largement ouvertes au soleil, conçues pour atténuer les risques permanents d'incendie, fléau de l'époque.

Enfin, il y a les remparts protecteurs, une enceinte concentrique parfois double, édifiée assez haut pour décourager l'escalade, entourée de fossés remplis d'eau quand cela est possible. Nombreux sont ceux qui subsistent dans les "bastides" que nous pouvons admirer ; mais il est probable que certains ne furent construits qu'avec "les moyens du bord" : futaie et bois de construction nommé "merrain", aggloméré de sable et de gravier puisé dans le lit du fleuve voisin. C'est pourquoi certains villages, authentiques "bastides", sont difficiles à reconnaître comme tels : les remparts ont disparu et restent par chance, ici une porte au débouché d'une rue plus importante, là un appareillage de pont-levis de brique ou de pierre.

S'il n'est que par hasard l'élément d'une bastide, un château voisin protège souvent un hameau ou un village. Les paysans, en échange de leur sécurité ainsi assurée par le seigneur, lui fournissaient une main d'œuvre loyale. Bon nombre de villages attestent de leur origine dans leur nom :
Castelnau, Castra, Castets.

De même, les abbayes furent amenées à fonder des "sauvetés", où les campagnards trouvèrent refuge moyennant leur travail sur les domaines des moines.

Ces domaines sont immenses : la Foi profonde qui anime le Moyen-Age conduisant les seigneurs à d'incessantes donations aux abbés.

La "sauveté" se bâtit autour d'une croix, symboliquement plantée sur les lieux choisis. Elle sera entourée de murailles munies de tours de guet. Il reste bien des villages dont le nom est évocateur de cette origine : Sauvetat, la Salvetat, Sauveterre...

L'église continue ainsi par ces fondations une œuvre qu'elle avait depuis longtemps ébauchée pour la défense des petits.

Une malchance fit pourtant que l'hérésie cathare s'infiltra dans le Sud-Ouest, par les contacts orientaux survenus après la deuxième croisade, ou peut-être directement par des missions venues des Balkans, et reçues d'abord à Cologne, Liège, puis en Périgord et à Albi.

La doctrine cathare avait un côté pur et austère, qui allait à point nommé toucher le cœur des Occitans désapprobateurs de leur clergé. Comme une lame de fond, elle déferla, gagnant rapidement les plus haut placés, comte de Foix, comtes de

perdues. Outre les attaques d'armées "régulières", existent, fort dangereuses, et profitant de la confusion, les bandes pillardes de routiers, de déserteurs, de vagabonds qui vivent à l'état sauvage et sortent des forêts pour rançonner, détruire, exterminer même les braves gens...

Sur un modèle très semblable mais avec des matériaux spécifiques à chaque lieu, seront donc bâties les "bastides" nombreuses que nous découvrons à travers la vaste région du Sud-Ouest.

A l'abri de solides remparts s'écoulera la vie des Chrétiens d'alors, assez proche de l'actuelle existence villageoise.

Originellement, le site était choisi en fonction soit de son intérêt défensif, (hauteurs dominant des plaines, clairières ou orées de forêts), soit parfois de la proximité de carrières de pierre de la disponibilité des terrains, qui n'étaient pas les plus fertiles...

Le jour de la fondation, était planté le "pal", long pieu de bois qu'en grande pompe bénissait le clergé. Autour de celui-ci,

Toulouse, les Trencavel, seigneurs de Carcassonne,
ainsi que les plus humbles de leurs sujets.
Il est difficile de réaliser qu'il faudra un siècle pour que la paix
revienne dans nos régions, après une croisade impitoyable,
des démantèlements de cités, des inquisitions féroces,
des massacres dont le souvenir est encore bien
présent, à Béziers, ou à Marmande...
L'âme méridionale, blessée à mort, n'oubliera jamais
certaines dates tragiques :
1213, bataille de Muret, 1218, siège de Toulouse, 1244, enfin, le
bûcher de Montségur, fin d'une époque vibrante... où Dieu
n'a pas reconnu pour "siens" les Occitans !
Plus que jamais, les remparts édifiés autour des "bastides"
auront leur utilité. C'est que la lutte sera aussi incertaine que
longue, et force sera de changer de camp pour survivre ; les
seigneurs profitant de la confusion pour soigner leurs intérêts
directs. Le comte de Foix, le fameux Gaston Phebus, fait dire
au roi de France "qu'il tient sa terre de Dieu, et de nul homme
au monde". En 1365, il tiendra le même langage au Prince
Noir, lequel avait l'espoir de lui faire reconnaître
la souveraineté anglaise.
En 1453, les milices gasconnes, écrasées en juillet à Castillon,
l'Aquitaine devient française. Pourtant la guerre n'empêcha pas
l'essor de la Province. Jamais il n'y eut autant de villages
déclarés "francs", et munis de chartes et de consuls, dont les
noms aujourd'hui sont évocateurs de la puissance royale :
Montréal, Réalmont, Villeréal. Le pays pyrénéen fonde même
des villages à autonomie très large, avec des "fors", ou
"coutumes" qui n'ont rien à voir avec le pouvoir central, ou
supposé tel comme dans la vallée d'Aspe et dans celle d'Ossau.
De la nature, vient le seul vrai péril, pour les Pyrénéens. Les
maisons, cuirassées d'ardoise, coiffées de toits pentus, étudiés
pour supporter le poids de la neige, se tournent vers
les "adrets", versants ensoleillés, se bâtissent en longueur
des vallées profitant du cours tumultueux des rivières
encore proches de leurs sources.
Avant de clore le chapitre d'une époque féconde pour la France
rurale, il y a lieu de parler de la petite seigneurie d'Albret.
Placée géographiquement au cœur de la Gascogne, elle a,
comme le comté de Foix, réussi à avoir son existence propre.
Peut-être parce qu'elle était petite, par son territoire, et donc
considérée comme quantité négligeable par les Anglais,
sûrement parce que les seigneurs d'Albret furent "malins"
et ambitieux. Ainsi le prince Henri de Navarre, fils de Jeanne
d'Albret, accèdera au trône de France un jour au prix d'une
abjuration. L'astuce des Albret nous vaut aujourd'hui les très
vivants souvenirs du pays de Nérac. Villages faits de la belle
pierre blanche de la région ; restes somptueux d'une cour où se
chanta l'amour courtois, cette cour des "trois reines" :
Marguerite d'Angoulême, passée à la postérité comme
poétesse, Jeanne d'Albret, mère du roi Henri, le "vert galant",
et la reine Margot, son épouse. Les XVᵉ et XVIᵉ siècles seront
porteurs d'épreuves supplémentaires pour le Sud-Ouest. La
religion en sera la cause première. Le protestantisme gagne
l'ensemble des provinces méridionales. On raconte que quand
un pin parasol est planté aux abords d'une ferme, c'est que
celle-ci appartient à ceux "de la Religion", comme sont
nommés les Protestants. Ce code secret montre à quel point,
loin dans le XVIIᵉ siècle, furent délicats les rapports
entre les gens du Sud-Ouest et ceux du Nord.

Pour arriver aux temps modernes, notre Sud-Ouest aura encore à traverser bien des vicissitudes. Les épidémies déciment les populations, rayant des villages de la carte.

Les inondations, aussi, détruisent des quartiers entiers : les maisons étant bâties de brique crue, de torchis qui fondaient comme une pâte molle lorsque les crues léchaient les fondations...

Et les famines ! pouvons-nous imaginer que jusqu'au XVIIIᵉ siècle, les ruraux pourront mourir de faim, parce que les récoltes étaient perdues !

Si vaste est le Sud-Ouest, que, si la construction d'un village s'inscrit à peu près également dans le même modèle architectural, très grande sera la diversité des matériaux employés. "De brique et de pierre telle est bien la substance des constructions de Midi-Pyrénées, que l'ardoise vient compléter", dira Dominique Amouroux, dans une étude faite pour le Conseil de l'Ordre des architectes.

La pierre dans le Lot, dans l'Aveyron, le Quercy, le Gers... La brique, cuite ou crue, en région toulousaine où manque cruellement la pierre ; utilisation aussi des galets de Garonne, pour permettre l'exécution de murs aux dessins artistiques ; pierre blanche du Lot, grès rouge d'Aveyron, granit sévère du Sidobre...

Comme les murs, les toits ont leurs particularités.

L'ancienne province romaine a conservé la tradition de la "tuile canal", faite de brique cuite, qui nous vaut l'unité de coloris, "rose" de beaucoup de beaux villages du pays d'Oc.

Dès que le climat se fait plus rude, les villageois ont recours à l'ardoise : schiste brun en Aveyron, qui s'unit parfaitement en couleur avec le grès ; ardoise bleue dans la Montagne Noire comme, bien sûr, dans toutes les Pyrénées...

La rencontre étonnante, sur la façade d'une maisonnette quelconque, d'une belle fenêtre à meneaux peut inciter au rêve : y a-t-il eu, à cet endroit, une construction magnifique de la Renaissance, dont il ne subsiste aujourd'hui que ce "beau reste" ? Il faut se garder d'une conclusion de ce genre. Quand la pierre fait défaut, le villageois saura aller se servir dans les ruines du voisinage.

Maints remparts, maints châteaux démantelés iront vivre ainsi une seconde "vie".

Le Sud-Ouest possède, en cette fin de siècle, un nombre important de magnifiques villages.

Parmi eux, certains conservent intégralement leur beauté première et sont ainsi les fiers témoins du passé comme dans la région du Périgord qui sommeille un peu, souffrant de l'éloignement des centres urbains où "tout se passe".

Ailleurs, ce seront des bastides campées haut, dominant les plaines et semblant encore victorieuses... (Et, en somme, n'est-ce pas une victoire que la traversée difficile des siècles ?)

Enfin, reste toujours l'espoir de la découverte... La fumée ténue d'une cheminée peut amener à tel hameau oublié, miraculeux trésor !

Les grandes villes ont bien du mal à garder leur ancien visage, modernité exige. Un mouvement culturel bienheureux et relativement récent les préserve maintenant de restaurations maladroites, comme d'une expansion moderne qui nuirait à leur esthétique. Le but de ce "livre d'images", choisies pour leur beauté, est d'inciter à connaître en profondeur cette vaste province du Sud-Ouest qui recèle beaucoup d'autres merveilles, serties dans sa campagne.

7

COLLONGES LA ROUGE

C'est vraiment indicible, la surprise est si grande
et merveilleuse quand on découvre Collonges. Toute rouge
et rose, dans la verdure des bois de noyers et de châtaigniers…
Quelle extraordinaire petite ville médiévale ! Châtellenie dans
la vicomté de Turenne, ce fut d'abord un "bourg muré".
Déjà rouge, sans doute. Ses habitants ont su exploiter le trésor
du grès trouvé dans le sol, juste au-dessus, vers le massif
de l'Habitarelle. Collonges est gaie, comme sa couleur ; les
pluies du Limousin ne sauraient l'affecter ; elles font
encore plus belle la couleur de ses pierres !
Bien que limousine, et fière de l'être, la cité se tourne vers
le Midi, regarde le Quercy blanc et la Dordogne proche. On dit
que le figuier pousse ici, ainsi que le pin méridional ;
en tous cas, on entend les cigales.
Les Collongeois de souche, comme ceux plus
récemment arrivés, aiment tant leur ville qu'ils la fourbissent,
la restaurent, l'astiquent ! Pas de nostalgie ici pour le passé ;
le présent est aussi beau, aussi "neuf" qu'à l'époque où plein
de seigneurs ont choisi pour résidence l'adorable Collonges.
"Avoir pignon sur rue", ici, a toute sa signification.
Castels, tours, échauguettes foisonnent - la cité médiévale
a été essentiellement aristocratique, les blasons en témoignent.
La construction de l'église remonte haut dans le passé :
une charte témoigne de sa donation à l'abbaye
de Charroux à la fin du VIIIᵉ siècle.
En 1557, Henri de la Tour d'Auvergne, vicomte de Turenne,
passe à la Réjonne après son mariage, l'église est alors
séparée en deux nefs symboliques…
Plus tard les catholiques firent murer le porche,
faisant disparaître le portail ; en 1923 seulement, des travaux

entrepris, on dégage le tympan admirablement conservé,
du Christ en Majesté. Ce geste de rancœur des catholiques
à l'encontre de leur seigneur "religionnaire" aura sans
doute sauvé ce chef d'œuvre, le laissant ignoré
pendant des siècles, grâce au murage…
Ce village, donc, est la terre d'élection des gens de qualité.
Château, hôtels sont témoins de l'apogée de Collonges,
aux XVᵉ et XVIᵉ siècles - Vassinhac, (château Faige) maison
de Friac, château de Maussac, château de Benge. Les portes
sont arquées, hospitalières, portant l'écu du maître. Les tours
sont charmantes avec leurs coiffes en poivrières, et leurs
escaliers de grès en spirale. Il y en a tant qu'à chaque détour
de ruelle, il en surgit une nouvelle, plus ravissante que
celle qu'on venait de quitter des yeux.
Collonges s'enorgueillit encore de sa "confrérie
de pénitents noirs" canoniquement reconnue en 1681, active
jusqu'aux jours de la Révolution Française.
Bien qu'elle ne soit pas réellement sur la route de
Compostelle, Collonges est mentionnée dans "l'itinéraire de
Bruges" (XVᵉ siècle), qui donnait aux pèlerins
la possibilité, sur leur passage, de voir Rocamadour ;
cela explique la vicairie de Saint Jacques, contre l'église
qui dut accueillir les pèlerins, accordant gîte
et couvert au nom du Christ. Il y eut sans doute ici un lieu
d'accueil pour "pèlerins et pauvres passants".
Toits de "lauze", ou d'ardoise ou de tuile sarrasine, unissent
à Collonges le Nord et le Midi ; en nous éloignant nous
garderons au cœur le choc ressenti à la vue de la petite ville,
dont le sang bat à fleur de peau, de pierre, lui donnant
sa couleur généreuse et unique, celle de l'amour.

C'est la qualité de la pierre
dont est faite Collonges qui
a gardé le village dans un
magnifique état de
fraîcheur.
Si le calcaire s'effrite
avec l'âge et reste sensible
aux maladies de la pierre,
le grès résiste mieux
au temps, même aux
endroits les plus exposés,
socles, corniches ou parties
saillantes. Cette
connaissance très ancienne
de la pierre et de sa taille,
ajoutée à l'art de faire porter
les toits de lauzes
ou d'ardoises par ces solives
de châtaignier que détestent
les insectes, a permis
une restauration "à
l'ancienne" des plus belles
maisons seigneuriales
de Collonges, comme
le château de
la famille Vassinhac
ou la maison des Benges.

16

MARTEL

Le causse de Martel a, de mémoire d'homme,
toujours été habité : des dolmens, des tumuli en témoignent.
Les " Cadourques ", eux ausi, se trouvaient si bien chez eux,
qu'ils menèrent une lutte incessante contre les troupes
de César ; l'oppidum de Puy d'Issolud est là pour le prouver.
La naissance de Martel date du XIIe siècle, la ville est choisie
par les vicomtes de Turenne pour son implantation
à un croisement de routes allant du nord au sud,
et de l'Auvergne à l'Aquitaine. Martel devient vite la capitale
de la vicomté. Elle devra sa charte au départ en croisade
de Raimond IV : il la lui octroie avant de prendre la croix.
Dès lors, fière et jalouse de ses privilèges, la cité, tout
en restant fidèle au roi de France, tiendra parfois tête
aux vicomtes de Turenne. La fin du XIIIe et le XIVe siècle,
sont, comme dans presque tout le Sud-Ouest les époques
d'apogée de la cité. Constructions civiles, et aussi
religieuses fleurissent ; massives et élégantes à la fois, dans
cette pierre blanche et lumineuse de Causse sur lequel elles
sont bâties. Martel connait pleine vie et pleine activité.
Trois mille habitants habitent la ville, aristocrates,
boutiquiers, artisans de toutes sortes de métiers : tailleurs,
forgerons, tisserands, cloutiers, bourreliers et bastiers.
Or, en 1345, la cité est menacée, à son tour, par la guerre :
arrivant de Bordeaux, par le Périgord, l'armée anglaise,
commandée par Henri de Lancastre, comte de Derby,
attaque le Quercy. Les Anglais parviennent au pied des
remparts de Martel, mais ne parviennent pas à les franchir.
Cependant, le traité de Brétigny qui délivrait
Jean II le Bon donnait le Sud-Ouest à Édouard III,
roi d'Angleterre. Martel devra, comme
ses voisines, être anglaise !
Ce n'est pas la première fois, dans son histoire,
que les Anglais viennent à Martel. En l'an 1178, Henri
le jeune, fils d'Henri II Plantagenêt, roi d'Angleterre, était
déjà passé par là. En révolte contre son père, il guerroyait
pour son compte, et venait de piller Rocamadour. Il tomba
malade ici même… et y mourut, le 11 juin 1183.

Martel va garder la tête haute, sous la domination de l'Anglais :
elle parvient même à obtenir du sénéchal anglais
du Périgord et du Quercy, lors d'assises solennelles, en 1367,
que " tous les droits de la cité soient maintenus ".
Ce ne sera qu'en 1399, après la bataille de Montvalent, que
la ville sera définitivement délivrée.
Nouvelle ère de prospérité : les élégants hôtels
particuliers bâtis à cette époque montrent que Martel compte
dans ses habitants la haute société, qui gravite autour
de la sénéchaussée. Grande époque de commerce aussi,
de vins, de bestiaux, de truffes. Les guerres de religion
éprouvent Martel. Malgré la conversion au protestantisme
de son seigneur, le vicomte Henri de la Tour, les Martelois
restent attachés à la foi catholique. Les luttes fratricides
durent jusqu'en 1598, laissant le triste souvenir
de massacres, pillages et ruines.
En 1738, un évènement capital va changer la vie
de toute la région : la vicomté de Turenne est vendue
au roi Louis XV, par Godefroy de la Tour d'Auvergne,
duc de Bouillon et vicomte de Turenne. La ville devra passer
à la Maison de Noailles, et ne sera plus qu'une
" châtellenie ", dépendant de Montauban. La sénéchaussée,
elle aussi, sera supprimée.
Cet évènement de 1738 est aussi comparable,
par ses conséquences, à la réforme administrative
de 1800, qui, divisant la France en départements, porte
un coup fatal à Martel.
Ainsi s'estompe l'image de Martel, grande et noble ville.
Beaucoup d'émerveillements
nous attendent durant la visite. Sur le linteau de la fenêtre
d'un très bel édifice Renaissance, nommé le " grenier
d'abondance " pour avoir servi de réserve en temps
de disette, on peut lire cette inscription :" *Deus Nobis Haec
Otia Fecit* ". Cela se traduit par " Un dieu
nous a donné ce lieu de repos ". Cette phrase , tirée
des " Eglogues " de Virgile résume à merveille l'impression
que laisse ce délicieux village.

Dans la ville " des sept tours ", la plus haute est le clocher de 48 mètres de l'église Saint Maur, flanqué à sa partie inférieure de quatre épais contreforts. Véritable donjon, il faisait autrefois partie intégrante des défenses de la ville.

*A l'inverse de la plupart
des grandes charpentes de bois, celle de la
halle de Martel ne s'appuie sur aucun
pilier central. Un savant jeu de " fermes "
et de madriers, véritable prouesse technique
des compagnons du Moyen Age,
laisse libre tout l'espace sous toiture.*

On pénètre dans la cour d'honneur de l'Hôtel de la Raymondie, actuel hôtel de ville, qui fut terminé vers 1330, par un passage sous son beffroi de 33 mètres. Au fond de la cour ornée de fenêtres du XIVe siècle, géminées ou à meneaux, un escalier sous un large porche voûté, comme on en voit fréquemment dans l'architecture du Quercy, donne accès à une belle salle où furent peut-être confirmés en 1367 les privilégiés de la cité et des consuls par le sénéchal anglais.

AUTOIRE

Voici un village de caractère quercynois, si beau,
si neuf que l'on a peine à croire qu'il nous précède ici
depuis au moins huit siècles ! Au hasard des rues empruntées,
l'on découvre, ébloui, une fontaine tout entourée
de ravissantes maisons à colombages, plus loin,
les encorbellements de vieilles demeures blanches à toits
de tuiles brunes, ailleurs une, deux, trois gentilhommières,
plus jolies les unes que les autres, toutes pimpantes
et flanquées de tourelles. De l'église, on pourra passer
à une terrasse dont la vue plonge sur le moulin de Limargue,
et sur le cirque rocheux qui se dessine au sud-ouest.
Les versants du vallon qui abrite Autoire se
sont réunis pour former en effet un cirque grandiose.
Tout s'explique : le beau village d'Autoire,
nullement marqué par les heures difficiles qu'a traversées
sa province, a dû être choisi comme lieu de résidence par
des habitants de Saint-Céré, très proche, (8 km),
pour sa situation originale et si séduisante, pour la sécurité de
son vallon : Saint-Céré, elle non plus n'a pas, ou peu été
inquiétée pendant la guerre de Cent Ans : les vicomtes
de Turenne ont assuré à leur vassale une protection puissante
grâce à Saint-Laurent, qui développe ses énormes remparts,
flanqués de tours, devant la ville.
Heureuse Autoire, qui continue sa vie paisible,
dans un univers préservé de la laideur, au cœur d'une
magnifique région, où tout est à voir, du haut, pour ses
châteaux, jusqu'au bas, pour son cirque, et même pour les
grottes de Presque, très voisines, le gouffre de Padirac,
et sa mystérieuse rivière souterraine, qui se trouve
aussi à quelques lieues.

*L'indéniable charme d'Autoire
vient de son cirque de verdure mais
aussi de la très gracieuse
architecture quercynoise où se mélangent
les maisons nobles aux clochetons de tuiles
brunes et les constructions purement rurales.*

SAINT ÉMILION

Saint-Émilion doit ses lettres de noblesse à ses vins célèbres de renommée mondiale. On doit parler de la vigne avant même de parler de la ville… En 27 avant notre ère les aigles romains planent sur la Gaule et l'Aquitaine. Les légions de Valerius Probus sont utilisées pour une besogne pacifique : le défrichement de la forêt de Cumbis. Sur le terrain ainsi récupéré, on greffa des cépages importés de Phocée à la "Vitis Biturica" qui spontanément y croissait. Ainsi naquit le glorieux vin dont nous surveillons le vieillissement mystérieux…
Il a plus de 2000 ans d'existence…
Le VIIe siècle est l'époque de la grande ferveur chrétienne. Des couvents sont construits un peu partout. Le premier monastère de Saint-Émilion s'éleva à Sainte-Marie-de-Fussiniac non loin des ruines de la villa d'un consul romain, de surcroît poète, nommé Auzone. Mais l'invasion sarrasine de 732 le détruira. Eudes, le duc d'Aquitaine, a combattu à Poitiers : cela lui permet de recouvrer son duché moyennant la reconnaissance de l'autorité des Francs. On ne sait comment subsistait encore une petite communauté chrétienne à Sainte-Marie-de-Fussiniac ; toujours est-il qu'au VIIIe siècle, Emilianus, moine originaire de Vannes, et sans doute pèlerin ou encore confesseur errant, lui demande asile. Son rayonnement l'impose vite à la tête des religieux, qui vécurent avec lui selon la règle de saint Benoît dans des grottes naturelles où fut fondée la première église de Saint-Émilion, longtemps appelée Moustier Vieux.
Au XVe siècle, le turbulent vicomte Olivier de Châtillon occupa par la violence ces lieux, où reposait le corps du bienheureux Émilion. L'archevêque vint trouver le vicomte : il convint avec lui que les mœurs des moines s'étaient singulièrement relâchées ; tous deux décidèrent de fonder un collège de chanoines cloîtrés. En 1110, l'archevêque Arnaud de Cabanac impose la règle de Saint-Augustin, une bulle du Pape Adrien IV lui rattache l'église de Saint-Émilion ainsi que les paroisses voisines. Entre temps, la petite cité a pris corps non loin du couvent. Dans cette ère nouvelle où les églises épiscopales sont reconstruites, et les monastères embellis, les chanoines de Saint-Émilion quittent leur premier établissement, et vont s'installer dans les fondations de la ville naissante. Ils bâtissent leur couvent et une chapelle romane. En ce XIIe siècle, vie religieuse et vie civile sont étroitement mêlées. La bourgade établie autour du monastère s'agrandit : c'est "Sent Mélyon", en langue d'oc ; close de murs de deux kilomètres de long et percée de six portes flanquées de tours et précédées de barbacanes . Le donjon citadelle s'érige au centre sur un rocher isolé. Une charte sera octroyée à la commune, le 8 juillet 1199, par le roi d'Angleterre Jean sans Terre. Cette juridiction persistera jusqu'à la Révolution malgré les multiples changements de camp. Le "doux dominion" anglais dure 250 ans ! Mais, en 1224, Louis VIII occupe la ville en confirmant la charte.
Reprise l'année suivante, la ville soutient aux côté des Anglais contre le seigneur de Fronsac une lutte qui dure jusqu'en 1241. En 1289, Edouard 1er d'Angleterre offre d'autres privilèges à la cité. Mais en 1293 le roi de France est son nouveau possesseur ; après le traité de Paris en 1303, Saint-Émilion est restituée au duc de Lincoln, représentant du roi d'Angleterre dans les murs de la collégiale.
Les Saint-Émilionnais seront résolument Anglais jusqu'à la campagne victorieuse de Charles VII en Guyenne en 1451. Fidèles au Prince Noir, ils lui fournissent des subsides pour la guerre d'Écosse. Et, si elle est occupée un temps par les troupes du duc d'Anjou, conduites par Du Guesclin (1377), elle n'obéira pas aux sommations du connétable d'Albert et du duc d'Orléans (1404 - 1406).
Saint-Émilion s'incline en 1451 et devient enfin française, le roi confirmera ses privilèges en 1456.
Un siècle plus tard, l'hérésie de Luther gagnant l'Aquitaine, Saint -Émilion reste dans la foi catholique.
1563 : Les Huguenots surprennent la ville et pillent les églises.
1568 : C'est Blaise de Montluc qui commet les pires excès et ne se retire que contre le paiement de 1600 écus.
1577 : Saint-Émilion refuse de s'associer à la Ligue.
1595 : Henri de Navarre est reconnu comme roi de France par Saint-Émilion. Le roi confirmera les privilèges de la ville.
1620 : Le roi Louis XIII, en septembre, les reconfirmera.
En 1789, la première municipalité révolutionnaire de Saint-Émilion adhère aux idées nouvelles, et devient Émilion la Montagne. En 1793, le conventionnel Marguerite - Elie Guadet, né à Saint-Émilion en 1755, vient s'y réfugier avec ses compagnons d'infortune mis hors la loi. Il sera repris et guillotiné le 18 Juin 1793.
Saint-Émilion, "filleule de Bordeaux", et chère aux ducs d'Aquitaine, rois d'Angleterre, nous a légué de magnifiques spécimens d'art roman et gothique.
L'enceinte fortifiée du XIIe siècle, et ses six portes, dont il subsiste deux, les tours du Roi et du Guetteur ; deux ensembles monastiques considérables, l'un dans la ville basse, avec son église monolithe unique en Europe, l'autre, dans la ville haute, avec le couvent des chanoines de Saint-Augustin, sa collégiale (XII - XVIe siècles), son cloître. A voir aussi les ruines romantiques du couvent des Jacobins et ses "grandes murailles", ainsi que celui des Cordeliers (XIVe siècle).
Une exceptionnelle unité dans la beauté, un harmonieux ensemble architectural précieusement conservé par des connaisseurs, avec pour "écrin", le vignoble verdoyant.

*Le couvent des Cordeliers a tout
de même conservé son cloître roman,
sa chapelle et une partie des
bâtiments conventuels. Le tout,
couvert de verdure, est
proche de l'idéal romantique.*

Les " grandes murailles ", ce pan de mur
de 26 mètres de large sur 20 de haut, percé de deux fenêtres
à ogives qui se dresse au-dessus des vignes sans toucher
au village, est tout ce qui reste du couvent des frères
Prêcheurs ruiné par les Français du comte d'Eu en 1337.

BEYNAC ET CAZENAC

L'association de ces deux noms résume en fait
l'histoire d'une lutte : celle du seigneur de Beynac,
et du seigneur de Cazenac, à qui appartient le formidable
château de Castelnaud, dont la masse se dresse avec
défi, précédé de Fayrac, son avant-poste, en face
du bourg de Beynac, blotti sous son château,
qui semble le protéger éternellement.
Beynac fut l'une des quatre baronnies du Périgord,
en même temps que Mareuil, Biron et Bourdeilles. Il fut
anglais, comme tous ici, et eut même le privilège douteux
d'abriter Mercadier, un horrible brigand de sinistre mémoire
pour les Périgourdins, qui ravageait avec ses bandes tout le
pays, pour le compte du roi Richard Cœur de Lion.
Mais revoilà Simon de Montfort : il s'empare
de la forteresse, la démantèle. Le seigneur de Beynac
était, sans doute, ami des comtes de Toulouse. Plus tard, lui,
ou son fils, reconstruira le château, tel qu'il nous apparaît
aujourd'hui : nu, austère, dressé sur une rousse falaise,
farouche gardien du village qui s'agrippe au rocher,
en-dessous de lui, pour tomber vers la Dordogne. Beynac
a été l'ancien port sur la rivière, ses eaux bleu foncé reflétant
encore l'image fantastique de Beynac et son château.
En 1368, le seigneur est du côté des Français, alors que

Cazenac, le seigneur de Castelnaud reste fidèle à l'anglais.
Rivaux implacables, les châteaux vont s'affronter en d'incessants
combats, le temps, en somme, que durera le Moyen-Âge...
Beynac était autrefois sur un à-pic. Il a été
comblé, mais il donne toujours l'impression d'être un
nid d'aigles, en surplomb de la rivière. Son sévère donjon est
du XIIIe siècle, les corps de bâtiment, des XIIIe et XIVe
siècles, sont prolongés par le manoir seigneurial du XVe,
agrémenté d'une échauguette du XVIe siècle.
A l'intérieur, un peu vide, hélas, sont à voir de belles salles,
dont la " salle des États " qu'ornent de superbes bannières.
La chapelle seigneuriale est devenue église paroissiale ;
elle est belle, sous sa coiffe de lauze. Du chemin de ronde,
ou du calvaire édifié à l'est du château sur le rebord
de la falaise, on a le souffle coupé par le panorama : les ruines
du château de Castelnaud, comme si leurs donjons
à mâchicoulis, leurs bastidons et casemates étaient encore
au combat, défient toujours Beynac !
Parfois, au soir, la brume vient noyer les contours
de la Dordogne, effacer les petites maisons du village.
Seuls, percent les châteaux géants, tels les fantômes en armes
de leurs seigneurs, suspendus dans le ciel, dans un
affrontement qui n'aura pas de fin.

Castelnaud, éternel rival de Beynac, n'a pas eu la chance de celui-ci. Bien qu'il ait été laissé à l'abandon et utilisé comme carrière, ses ruines ont encore de l'allure, mais elles sont loin derrière la splendeur retrouvée du château de Beynac, qui devient chaque année un peu plus un musée exemplaire de l'architecture militaire du Moyen Age.

LA ROQUE GAGEAC

"Si on me presse de dire pourquoi je l'aimais,
je sens que cela ne peut s'exprimer qu'en répondant :
parce que c'était lui."
(Michel de Montaigne, chapitre sur l'amitié.)
Pourquoi parler de La Roque-Gageac, en effet...
ce village adorable n'a pas d'histoire ! Parce que c'est lui,
simplement, comme le dit bien Montaigne,
le grand homme périgourdin...
La Roque-Gageac possède un château massif ;
une forêt touffue de chênes verts, qui joue avec les
méandres de la Dordogne, cette belle rivière qui est sertie
par tant de merveilles du passé. Il a enfin les maisons
de son village : ocrées, dorées peut-on dire ; aux toitures
de lauze que percent les cheminées jaune d'ocre, elles aussi.
Ce petit joyau du Moyen-Age est resté intact, ainsi que les
temps l'ont épargné, et c'est normal : l'histoire ne nous conte
ni prise, ni siège, ni envahissement, pas de démantèlement !
Les façades font une rue pressée devant la rivière, et comme
aucun pont ne saute sur l'autre bord, les maisons grimpent
vers la hauteur, s'adossent à une solide falaise, qui peut
passer pour un autre château, tant sa masse est structurée ;
la nature, parfois, a de ces fantaisies...
C'est d'ailleurs à cette falaise que La Roque-Gageac
doit le seul drame que nous sachions d'elle. Il est relativement
récent : en 1957 un pan du rocher se détacha, écrasant
plusieurs maisons, et faisant des victimes. Ce petit village
a comme sa voisine Domme, été classé parmi les cent plus
beaux villages de France. Choix " cent fois " mérité.
En s'éloignant, reste dans la brume bleue et or qui colore
la rivière et les murs, la vision la plus délicieuse
qu'on imagine : parce que c'était lui...

DOMME

Il y avait un château fort, déjà en 1214 ; construit
sur un emplacement propice à la défense, le "dôme",
dont la bastide royale tirera son nom un demi-siècle plus tard.
C'est une falaise abrupte, qui domine de
150 mètres la vallée où serpente la Dordogne.
Ses avantages stratégiques n'échappent pas
au comte Simon de Montfort.
L'issue de l'attaque fut très rapide… la garnison,
épouvantée, prit la fuite, et Simon, pour marquer sa
victoire, fit raser la haute tour fortifiée de "Domme-vieille".
Le temps passa, et l'ennemi changea de visage.
Le roi Philippe le Hardi, fils de Saint-Louis, s'alarmait
des constructions de bastides anglaises qui se multipliaient
(Lalinde, Beaumont). Il décida d'envoyer son sénéchal se
porter acquéreur des terrains de Guillaume de Dome. L'achat
fut conclu , devant Raymond, évêque de Cahors, "l'an
du seigneur 1280, le vendredi le plus proche après
le dimanche où l'on chante l'office".
Le sénéchal se nommait Simon de Melun, et était
expert en matière de constructions ; il présida à l'établissement
des plans qui prévoyaient remparts, portes et demeures.
Les habitants de Domme, quant à eux, reçurent de nombreux
privilèges, pour les inciter à bâtir les ouvrages de défense.
Si Domme est bien une bastide, le dessin de sa falaise
a contraint les architectes à "trapézoïder" le tissus urbain.
Du même coup, la cité a une variété merveilleuse, échappant
à la monotonie charmante des quadrilatères habituels.
Curieusement, la bastide, qu'on imaginait
imprenable, située sur son promontoire exceptionnel,
aura à souffrir de nombreux épisodes sanglants. Il faut
attribuer cela au fait que, placée tout près de Sarlat, la place
de Domme en était le rempart méridional, dans ces temps
où la Dordogne devint une frontière anglo-française… Et
même avant, si l'on en croit ce que Guillaume de Marle,
lieutenant-sénéchal du Périgord, dut faire "crier" en place
publique en 1415: "Interdiction est faite de quitter la ville avec
l'intention d'habiter ailleurs. Ceux qui partiront malgré cette
proclamation se verront confisquer leurs biens". Car, alors,
pillages, incendies et ravages de toutes sortes avaient fini
par lasser les "dommois", qui, vendant tout ce qui était
monnayable, quittaient la ville, se réfugiant jusqu'en Espagne.
Cinq fois prise, la bastide sera occupée par
les Anglais durant vingt ans.
Les guerres de religion éprouveront le pays
avec une grande violence. Si la ville de Cahors reste
catholique, et les ouailles de son évêché aussi, le Sud-Ouest
est la terre d'élection des protestants : Nérac, Montauban,
Bergerac, Agen, pour ne citer que les villes les plus proches,
sont entièrement acquises à "la religion". Plus tard,
Périgueux même adhèrera à la Ligue. Il résulte de cela des
attaques incessantes, la montée de l'intolérance, la Dordogne
et la Vézère ensanglantées, des pendaisons et autres
meurtres. Un des plus farouches huguenots, le capitaine
de Vivans, détruira Domme en 1592, juste avant que
la victoire revienne aux catholiques.
Aujourd'hui, la bastide, entourée de remparts
dans sa partie sud, est prête à la visite : les rues sont
tirées au cordeau, bordées de maisons jaunes noyées de fleurs.
Les toits ici, sont de tuiles, et non de lauzes, comme à Sarlat.
Sur les murs ocres court parfois la glycine, ou la vigne vierge,
au détour d'une ruelle tortueuse, on peut plonger sur un
jardin intérieur, découvrir le secret d'un escalier, lever le nez
encore pour admirer un balcon. Tout cela a un charme
incomparable, assez "décor", et d'une propreté étonnante.
La "maison communale" est devenue l'hôtel de ville. C'était
le lieu de justice du sénéchal, qui siègeait dans la grande salle
du premier étage. Sur la place de la Rode, se campe une très
belle demeure périgourdine et la maison du batteur de
monnaie, à ouvertures gothiques dans la pierre dorée.
La halle est du XVIe siècle.
Une rangée de solides colonnes de pierres soutient un étage
bordé d'un balcon à balustrade de bois. Des grottes prennent
leur départ sous la halle : on peut les visiter,
elles sont très jolies, et bien éclairées.

La porte des tours était le point clef de défense de la bastide. A l'origine fortifiée de deux herses et d'un pont-levis dont on peut voir l'emplacement, elle devint sous Philippe le Bel la prison des Templiers qui y furent enfermés pendant onze ans, laissant gravés sur la pierre plusieurs signes symboliques, parmi lesquels une magnifique croix templière.

Aucune maison n'étant construite sur le même modèle, le parcours du village présente une gamme de l'architecture périgourdine au cours des siècles : ici le portail curieusement penché d'une maison du XVIIIᵉsiècle, là un modèle de fenêtre largement répandu dans le Sarladais.

MONPAZIER

La fondation de cette bastide type remonte
à 1284, sous le règne d'Édouard Ier, roi d'Angleterre.
Le lieu est à la lisière des possessions anglaises de Guyenne,
raison pour laquelle le roi a pour souci de couvrir son
domaine. Monpazier sera l'une des ailes d'un dispositif de
défense constitué par Beaumont, Molières et Lalinde.
Reportons nous au XIIIe siècle : le Dropt coule alors dans
l'énorme massif forestier de la Bessède. L'emplacement
sera aisé à déterminer, et les matériaux trouvés, après
défrichement, dans le sol pour la pierre, ou dans la forêt
pour le bois. Le contrat de paréage sera signé le 7 janvier
1284 : "Sérénissime prince Édouard, roi d'Angleterre, duc
d'Aquitaine possédant le duché d'Aquitaine en paix du
temps du roi Philippe régnant en France, eut dessein de faire
bâtir une ville dans le pays de Périgord, au diocèse de
Périgueux en l'an 1284, 7 janvier, à cet effet Pierre de Gontaut
seigneur et baron de Biron inclinant aux desseins et volontés
de sa majesté anglicane, donna le lieu pour bâtir
la ville et appelée *Mont Pazerii*.
Lequel lieu où la ville fut construite était alors
dans le district et juridiction de Biron.
Le destin de la bastide est naturellement traversé
d'orages guerriers : il ne fait pas bon d'être situé en
frontière… Fort pillée, tant par les Français que par les
Anglais au cours de la guerre de Cent Ans, elle porte les
cicatrices des luttes. Ainsi, son mur d'enceinte a presque
complètement disparu, mais il reste une tour qui présente à sa
base l'orifice d'une canonnière, et trois portes sur les six à
l'origine débouchent actuellement sur les rues principales.
Durant les guerres de religion, Monpazier sera
mi-huguenote, Jeanne d'Albret y passa, mi-catholique,
le futur Henri III la suivra de peu.
Ceci lui vaut bien d'autres malheurs. En 1594,
elle est le théâtre d'une révolte paysanne dont le nom
est resté célèbre, la révolte "des croquants".
En 1637, de nouveau, éclate une révolte.
Son chef, le tisserand Buffarot, sera roué vif
sur la place de la ville.
Cette même place somnole aujourd'hui, dans
le calme un peu trop bucolique, ses maisons ventrues
semblent vouloir réchauffer leurs pierres dorées au capricieux
soleil de Guyenne. Parfait quadrilatère, elle est cernée par
ses cornières, et entourée de demeures médiévales dont
les détails architecturaux sont autant de jalons des siècles qui
ont passé. Le trapu clocher de l'église se découpe un peu
en arrière, coiffé de son chapeau pointu. Bordant la
place sur un côté, la belle halle à charpente compliquée
abrite encore les vieilles mesures à grain.
Monpazier garde ses traditions de façon jalouse, comme
elle a su conserver son plan urbain. La date des foires n'a pas
changé depuis la charte, et le 18 novembre a lieu la foire de
Saint-Poutoufle, dont le nom a été rayé du calendrier, par
des gens qui n'étaient pas d'ici, il y a bien longtemps.
On dit qu'à Monpazier, rien n'est à voir, et tout
est à voir. C'est que bastide entre les bastides, parfaite
de proportions, dans un état de conservation étonnant, elle a
pu échapper, par miracle, aux outrages du temps, des
péripéties guerrières, mais aussi aux méfaits du modernisme.
Si l'on ne devait voir qu'une seule bastide,
ce serait celle-ci qu'il faudrait choisir.

Le grand monument de Monpazier, plutôt à voir vivre qu'à visiter c'est la place, sans conteste la plus belle de toutes les bastides du Sud-Ouest. L'emploi exclusif de la pierre blanche du Quercy tout proche, et son inspiration militaire, auraient pu l'égarer vers le solennel ou la monotonie austère.

*L'apparence de ces vieilles maisons jumelles et de ces enfilades
d'arcades est trompeuse. A y regarder de près, tout indique que besoin
d'individualisme et goût de la différence ne sont pas nés d'aujourd'hui : pas une
fenêtre qui ressemble à sa voisine, pas un toit de pente égale, pas
une voûte de même ouverture ou de jambage similaire. Chaque maison
se veut unique tout en participant à une harmonieuse régle commune.*

SAINT CIRQ LAPOPIE

"Situé au détour de ces falaises qui, dans la vallée du Lot, jalonnent les catacombes de la Préhistoire", le village de Saint-Cirq a quelque chose de magique. La ville, par dessus les arbres, figure tout le mystère médiéval. En majeure partie classé "monument historique", c'est certainement l'un des plus beaux villages médiévaux. Du passé historique de la ville, on sait très peu de choses : les archives furent brûlées au moment de la Révolution, et seul un registre consulaire est parvenu jusqu'à nous, le cadastre ayant disparu.

Et cependant, étant donné la situation prépondérante du lieu, la cité dut vivre intensément les heures chaudes de l'histoire de l'Aquitaine, depuis les premières guerres anglaises, jusqu'à la fin des guerres de religion… Des fragments de mosaïques trouvés lors de la construction de l'actuelle mairie prouvent l'existence d'une cité à l'époque gallo-romaine, et une épitaphe, au domaine de Montagnac tout proche, fait état d'une communauté chrétienne, en 466.

On sait que Richard de Lion, en 1199, tenta en vain de s'emparer de la place ; qu'au temps de la croisade albigeoise, le pays se voit déchiré en deux camps, mais en 1241, les habitants prêtent serment au roi Louis XI. A sa période prospère, du XIIIᵉ au XVIIᵉ siècles, Saint-Cirq a ses portes, son hôpital, son foirail ; sa belle église est commencée au début du XVIᵉ siècle. Nombre de familles nobles ont ici des maisons : les Castelnau, les Conduché, les Faure… Entre 1381 et 1392, la place sera prise et reprise, et une fois par trahison, comme le laisse croire l'appellation d'un reste de mur, "porte des Anglais".

Au XVIᵉ siècle, Cardaillac devint le chef des Protestants du Languedoc, tandis que Jean de Saint-Sulpice restait fervent catholique. Le 10 avril 1580, Henri de Navarre donna l'ordre de démolir le château d'en haut, qui avait été pris par les Huguenots. Passent les siècles… Au début du XVIIIᵉ, a lieu "la révolte des tard avisés", contre le fisc. Arrive la Révolution, qui doit être agitée, comme le témoigne le fait que Jacques Perboyre, prêtre réfractaire, se cache dans une grotte voisine, n'en sortant que la nuit, pour assurer aux habitants le service religieux.

Saint-Cirq s'étire le long d'une rue principale, qui change son nom à la fin : rue Pelissaria (des pelletiers) à son commencement, elle devient "Peyroleria" (des chaudronniers) au bout de la cité. Elle est par-ci par-là coupée de venelles pittoresques, très fleuries, de "carriérons", ou d'escaliers de maisons. Toutes les places, "Carol", "Sombral", "des Oules" sont merveilleuses. En dessous du Carol, s'aperçoit le mirador de la maison du peintre Henri Martin, et une très belle maison, à tour-pigeonnier (XIIIᵉ siècle), est appelée "l'auberge des mariniers".

Trop de splendeurs doivent être découvertes pour que l'on puisse ici les citer : du château de la Gardette, fait de deux corps de bâtiment flanqués d'une échauguette et réunis par une tour, on domine le Lot, dans de délicieux jardins. Du Sombral, la vue est presqu'aérienne ; perché sur le rocher de Lapopie, il domine tout le village.

"Saint-Cirq-Lapopie, ce très serein village du Quercy éternel, halte tranquillisante, s'oppose de toute sa sagesse paysanne, de toute sa rigueur intellectuelle aux angoisses de notre temps" (Jean H. Guilhem).

De la porte du Bas
à la place du Sombral,
Saint-Cirq est un village
étiré le long et autour d'une
rue principale, qui serpente
entre les façades
des maisons bourgeoises
des XIVe et XVe siècles, ou
les rez-de-chaussée à arcades
des boutiques et des
ateliers de tourneurs sur bois.

CONQUES

On était au IXe siècle, les moines de l'abbaye
se lamentaient : leur passage vers Compostelle
semblait boudé par les pèlerins...
Etait-ce à cause de l'austérité de la nature,
de la difficulté des chemins, dans ce Rouergue sévère,
où il fallait encore gravir les rudes pentes des gorges de
l'Ouche pour pouvoir enfin goûter au repos de l'étape ?
Il fallait, pensa l'abbé, trouver un moyen pour
ramener les foules prieuses à la grande abbaye. Peut-être
la pénétration de reliques serait-elle une motivation ?
Voilà comment fut décidé l'enlèvement de Sainte-Foy.
Cela pourrait se raconter comme un policier, le mobile du vol
étant la jalousie. Car Pépin II d'Aquitaine venait de faire un
mauvais coup, en livrant une grande partie de son domaine
aux moines ! Beaucoup se sont empressés d'aller fonder une
abbaye à Figeac, lieu plus hospitalier, au climat moins
rigoureux, aux terres plus riches...
Conques est comme oubliée dans sa vallée
d'Ouche. Alors on complote : il faut trouver des
reliques d'une notoriété telle que les pèlerins considèreront
que la vénération vaut le détour.
L'instrument sera un moine malin, Ariviscus.
L'objet convoité, le corps de la petite vierge
martyre d'Agen, Sainte-Foy, pieusement gardé, et fort révéré.
Il faudra 10 ans de ruse et de patience à Ariviscus
pour endormir la méfiance des Agenais. Après une
poursuite rocambolesque, où il échappe par deux fois aux
troupes lancées derrière lui, il parvient à amener son trophée.
Ce 14 janvier 866, la joie est grande à Conques.
Et comme il n'y a pas forcément de morale dans les
romans policiers, la petite sainte, une fois arrivée, multiplie
les miracles ! on les nomme "Jeux et badinages
de Sainte-Foy". Après tout, elle n'était qu'une enfant
de douze ans quand elle a péri sur son gril
d'airain, et la situation doit l'amuser.
Hors le splendide trésor d'orfèvrerie religieuse
qu'il faut absolument voir, l'église romane des XIe
et XIIe siècles, dont le tympan est un pur chef-d'œuvre,
on doit aussi aller admirer le village ; il est magnifique.
Les ruelles sont bordées de maisons aux toits de lauze ; dans
un coin, le château des seigneurs d'Humières (XVIe siècle),
une porte, "porte de Vinzelle", une très pittoresque
maison de torchis à pans de bois.
Le site, très sauvage, confluent des ravins de l'Ouche et du
Dourdou ne manque pas de grandeur.
La rue Charlemagne est rude à gravir : c'était
la voie que prenaient les pèlerins de Compostelle,
au bout d'une journée de voyage éprouvant.
Au sommet de la butte, de la chapelle Saint-Roch,
la vue sur l'ensemble découvre Conques dans sa splendeur
retrouvée, grâce à un élan de restauration entrepris en 1974
par les amoureux de ce "Trésor de village".

La célébrité de l'Abbatiale
fait souvent oublier la
qualité de Conques village.
Il comptait plus de 3000
habitants au XIVe siècle et
faisait vivre à l'occasion des
pèlerinages et par sa
situation sur le chemin de
Compostelle une population
mouvante qui trouvait ici
asile pour plusieurs jours
quelquefois pour plusieurs
mois. Avec Rocamadour,
une sorte de Lourdes
du Moyen Age !
Le village n'a pas beaucoup
changé, il garde ce caractère
tourmenté et austère que lui
donnent la topographie des
lieux et ces chapeaux de
lauzes grises qui le coiffent.
Pourtant, que de surprises
en quelques ruelles, que
d'inventions dans le dessin
des toits ou dans la
distribution des placettes,
que de séduction dans ces
perspectives qui
s'enthousiasment de
chaque accident de terrain !

En 1837, Prosper Mérimée, inspecteur général des Monument historiques, en tournée d'inspection, admira l'abbaye et son trésor. Il la fit classer et entreprit d'urgentes réparations. C'était trop tard pour le cloître roman qui venait d'être détruit et dont il ne reste que quelques arcades en sous-sol du presbytère et un magnifique bassin sculpté dans la serpentine. Il était encore temps pour l'église qui achève à peine sa restauration et pour la rare collection d'orfèvrerie du haut Moyen Age que rassemble le trésor.

SAUVETERRE DE ROUERGUE

En ce début du XIe siècle, l'autorité du comte de
Rouergue, représentant du pouvoir royal, a bien du mal
à se faire respecter. C'est que l'église séculière et les ordres
religieux ont réussi à accaparer des domaines immenses,
patiemment amassés, faits de donations de la part des
grandes familles seigneuriales, qui ainsi, s'achètent une
conscience. Le pouvoir royal réagit : après avoir reconstruit
Najac, puis créé Villefranche et Cassagnes, il dépêche le
sénéchal Guillaume de Vienne et de Mâcon, pour une
investigation en Rouergue. Sur les domaines du château de
Lusufre, il paraît au sénéchal qu'il y a là un site et une position
faciles à défendre. Nous sommes en 1280. Le sénéchal
convainc le roi qu'il serait utile de constituer un nouveau
bailliage, et le sire de Malamort consent à vendre une partie
de son fief pour que soit édifiée une ville à cet endroit.
La charte est octroyée par le roi Philippe le Hardi en 1284,
avec de nombreux privilèges. En l'an 1330, l'évêque
de Rodez y fait établir une église paroissiale.
La petite ville ne tarde pas à se développer. Artisans et
commerçants y vivent bien, dans cette région à vocation
rurale, assez éloignée des centres. Ce fut surtout la fonction
administrative qui fera la prospérité de Sauveterre.
L'agriculture hélas, reste le point faible de ces régions de
causses, au climat rude. Nombre de difficultés d'écoulement
des marchandises, comme d'approvisionnement de ce qui
manque à l'économie de la ville sont cause de conflits sociaux.
Le soulèvement des croquants, en 1643, et d'autres révoltes
moins connues, sont une avant-première de la position
révolutionnaire de Sauveterre et de sa population villageoise
et paysanne, en 1789. En 1851, les Sauveterrats, qui
considèrent qu'ils n'ont jamais été entendus, organisent une
marche sur Rodez. Mais le meilleur moyen de survivre, pour
tout rouergat, sera l'exode rural. Sauveterre n'est pas à même
de donner des possibilités d'existence à ses fils. Alors, les
jeunes partent pour les grandes villes, pour Paris, s'ils le
peuvent. Ils sont bien plus nombreux les Sauveterrats
"parisiens", que ceux qui sont restés au pays. Mais,
cependant, toujours très attachés, très rouergats
ils reviennent, quand ils le peuvent.
Des murs d'enceinte, il ne reste que le grand fossé,
témoin des douves qui ceignaient l'ancienne cité. Il est encore
rempli d'eau. Le portail Saint-Christophe était
autrefois couronné de mâchicoulis.
La place royale se situe en plein centre de la ville.
Un couloir d'arcades nommées ici "chitats" l'entoure,
là se tenaient les foires et marchés hebdomadaires autrefois.
Les arcades, de forme ogivale, sont bâties en belle pierre
de taille, datant des XIVe et XVe siècles.
La maison Unal est un splendide exemple d'architecture
médiévale, avec ses lattis de bois, ses torchis, les pierres de
taille et les encorbellements qui donnent sur la rue Saint Jean.
L'hôtel de ville, la maison Dalmas-Rességuier (sur
la façade de laquelle sont gravées les armoiries
des La Pérouse, dont est issu le fameux navigateur,
et les armoiries de la famille d'Estaing), bien d'autres
beaux témoins du passé sont à admirer, avant de jeter un regard
d'ensemble sur Sauveterre, du haut de la tour-clocher de
la collégiale, qui est haute de 30 mètres. Elle fut, dit-on, l'une
des tours du château de Lusufre. Vous aurez la même vision
que les guetteurs à leur poste, il y a longtemps !

La taille démesurée de la place à arcades (que l'on appelle ici les "christats") aurait pu présager un bourg d'une autre ampleur. A l'écart des voies principales de communication entre le Massif Central et les plaines de la Garonne, Sauveterre ne connut jamais la prospérité des cités de passage. Les 47 arcades régulières abritent toujours le petit commerce ; une belle série de portes sculptées des XVIe et XVIIe siècles donne accès aux étages nobles des maisons. La place ne justifie sa dimension que pour accueillir le marché hebdomadaire, parfois aussi à l'occasion des manifestations culturelles de la bonne saison.

Un soir d'octobre 1249, Isarn de Najac, son frère
Guilhem Barsasc et Montaigut sont réunis chez leur ami
Amblard, quand survient Uc Paraire, l'un des consuls
de la ville. "Nous sommes perdus, s'écrie-il,
le seigneur Comte est mort".
Raimond VII disparu, c'est la fin de l'indépendance
et le règne "du français que le défunt Comte détestait
tant". L'évocation de cette scène met en lumière la position
prise par Najac, lors de la croisade albigeoise. Ce même Uc
Paraire sera d'ailleurs brûlé comme hérétique, et il
est certain qu'il ne fut pas le seul à subir ce sort :
Najac fut fortement engagé dans le Catharisme. Alphonse
de Poitiers devenu comte de Toulouse, c'est le Nord qui
prend l'avantage sur le Midi. Il faudra du temps,
et de la résignation, pour qu'enfin ce petit bourg entre
Rouergue et Quercy goûte la paix gagnée par la sage
administration de Saint-Louis.
Plus tard, sous le roi Philippe le Bel, on reparle de Najac,
et de son château, réquisitionné comme prison pour
les Templiers qui y attendront leur sort.
La guerre de Cent Ans épargne relativement le Rouergue,
mais la défaite de Poitiers (1356) et la captivité de Jean
le Bon, transporté en Angleterre sur ordre du Prince
Noir remet la province aux mains des Anglais. Occupation
subie jusqu'en 1368, date à laquelle le Duc d'Anjou confirme
à Toulouse les privilèges des Najacois.
Après un demi siècle de répit, ils revivront des jours
mouvementés de 1561 à 1590, au cours des guerres religieuses.
Autre fait historique notable : la révolte des croquants,
causée par la famine de l'été 1643, Louis XIV étant encore

mineur. 10.000 rebelles, au moins, prennent une pièce
de canon au château et assiègent la sénéchaussée
de Villefranche. Les représailles seront féroces, Bernard
Calmels dit "La Fourque", l'un des meneurs, sera rompu vif,
en place publique, le 20 octobre 1643.
Le bourg de Najac n'existe que par son château.
Perché sur une colline schisteuse dont la pente est rocheuse,
une boucle de l'Aveyron l'enserre, en faisant une presqu'île
rattachée seulement à l'est par une longue crête.
Les habitants du village sont préposés au guet, de même
qu'ils entretiennent les fortifications. Le château se dresse,
défendu par ses épaisses murailles, et son système fortifié
flanqué de grosses tours rondes. De là, la vue est
stupéfiante : plongée sur la vallée de l'Aveyron, et vue sur
les toits d'ardoise du bourg, sur l'église construite
sur ordre des inquisiteurs - en pénitence - simple édifice
gothique appuyé sur une arête rocheuse.
La plupart des maisons datent du XVIᵉ siècle, et celles qui
paraissent antérieures ne le sont pas forcément, mais ont dû
être bâties avec les pierres du château.
Près de l'église, une très belle maison du XIVᵉ siècle, celle là,
dont le premier étage a d'élégantes fenêtres à colonnettes.
Deux superbes fontaines, particulièrement celle de la rue du
Bourguet, constituée par une vasque de granit monolithe,
en polygone. Et puis, le bourg s'étire, jusqu'aux faubourgs,
les maisons à colombages se font plus humbles...
Bien conservé dans son caractère de village créé à l'ombre
des tours massives de son château, Najac demeure immuable,
bien gardé par ses armes : "Tour d'argent sur champ de
gueules, au chef d'azur chargé de trois fleurs de lys d'or".

L'unique rue du bourg regarde en point de mire le château féodal. Remanié au XIIIᵉ siècle par Alphonse de Poitiers à la manière des forteresses du nord de la France, Najac était la pièce maîtresse du système de défense installé entre Guyenne et Rouergue le long de l'Aveyron. Mieux situé que Laguépie, Saint-Antonin ou Montricoux, plus puissant aussi que Penne ou Bruniquel, dominant toute la région et commandant les passages-clefs sur la rivière, il donne encore, malgré la ruine, tout son souffle à l'étonnant paysage de Najac.

Les maisons du bourg, serrées les unes contre les autres en une étroite rue s'évasant par endroits, constituent un livre presque complet de l'architecture rouergate villageoise du XIIIe au XIXe siècle. Toits de lauzes percés de chiens assis pour éclairer les greniers ; un étage à vivre en encorbellement sur la rue, souvent remanié au XIXe siècle pour sacrifier à la mode du balcon ; rez-de-chaussée consacré aux animaux, aux outils agricoles ou à l'échoppe.

Dans tout le Sud-Ouest on compte sur les doigts d'une main les fontaines romanes ou gothiques encore en service. Najac en a deux. Celle de la rue du Bourguet, dans un seul bloc de granit, doit sans doute sa traversée des temps à son énorme poids.

SAINT ANTONIN
NOBLE VAL

A la sortie des gorges sauvages de l'Aveyron,
le bourg qui s'étale dans un cirque, au confluent
de l'Aveyron et de la Bonnette, dans une très verte et
belle vallée, a admirablement choisi son nom de "noble val".
Son saint patron est Antonin, martyre de Pamiers, dont les
restes jetés dans l'Ariège furent recueillis par des anges, dit la
légende, et transportés en barque jusqu'ici.
Le noble Val est dominé par le "roc d'Anglars",
impressionnante falaise, qui "se dresse comme une
acropole, comme le fronton d'un temple antique",
disait le sculpteur Bourdelle.
On franchit l'Aveyron sur un pont de trois arches :
il est déjà mentionné en 1163 dans un inventaire des titres
de l'hôpital. Il nous conduit à la ville médiévale, lacis
de ruelles tortueuses. Les vieilles demeures sont de styles
et d'époques divers. Saint-Antonin, au cours des temps,
a souffert de nombreuses inondations, parfois
tragiques ; nous avons les dates de 1906 et de 1930, mais bien
évidemment il y en eut d'autres avant ; en 1553, il est conté
que "le 30 octobre, deux heures et près de trois après minuit,
tomba la pile du mytant, et deux arcs du pont
d'Aveyron"...Les maisons, donc, ont dû à plusieurs reprises
être rebâties en lieu et place d'autres démolies ou
endommagées, raison pour laquelle on passe facilement
du XIIe au XVIIIe siècle, dans la même rue !
Dans ce dédale, la petite rivière Bonnette
se divise en plusieurs bras, se faufile et glisse sous les maisons,
reparaissant pour actionner les moulins, ou alimenter
les tanneries autrefois très importantes. Transformée et
domestiquée en canalisations, elle drainait déjà, au Moyen
Âge, les eaux ménagères. Pépin d'Aquitaine, au IXe siècle,
comble de largesses l'abbaye de Saint-Antonin, aujourd'hui
disparue, mais dont on peut voir des chapiteaux et des fûts de
colonnes au presbytère actuel. Puis une collégiale y est
fondée, et favorise la naissance d'une agglomération, sur
laquelle règnera une dynastie de vicomtes. L'un d'eux se
nomme Raymond Jourdain, et est un troubadour connu.
Les péripéties de l'histoire de Saint-Antonin
se recoupent et présentent de nombreuses similitudes avec
celles des cités de cette région d'Aquitaine, mais certains
traits de caractère des gens de cette cité sont spécifiques :

comme ils furent séduits par la religion cathare, entraînant
toute une longue série de drames, dont le plus marquant est
l'investissement par Simon de Montfort, la ville livrée au
pillage, plus de trente bourgeois mis à mort, de même trois
siècles plus tard, les "Saint Antonins" embrassent avec
fougue la religion protestante, pour subir un siège dont la
mémoire a été retransmise fidèlement jusqu'à nous (1622),
puis, plus tard, à la révocation de l'édit de Nantes,
connaître les horreurs des dragonnades.
Fier, et de caractère indépendant, est donc
Saint-Antonin, à travers ce que nous connaissons de son
passé. Durant la guerre de Cent Ans, il devra changer cinq
fois de maître. Anglais malgré lui, sous l'ordre du captal de
Buch, adversaire de Du Guesclin, il passe aux mains de Jean
d'Armagnac après un siège à longues périodes de trêves enfin
levé par Jean le Bon en 1354. Le traité de Brétigny remet
les choses en question, et Saint-Antonin, comme tout
le Quercy et le Rouergue, redevient anglais.
Pour en revenir aux guerres de religion, il est conté "qu'en
l'an 1533, fut faite à Paris grande et griefve justice de 250
hommes de la secte de Luther", or c'est justement à cette date
que se propage à Toulouse la protestation. Les étudiants
natifs de Saint-Antonin ne sont pas les derniers à mettre le feu
à une salle de l'école de Droit. L'un d'eux est exécuté,
mais les autres se réfugient vite malgré la difficulté
des chemins à Saint-Antonin.
Placée dans une vallée, la ville offre beaucoup moins
de résistance que ses voisines, Bruniquel ou Puycelsi, et il n'est
pas dit que jamais elle ait pu vraiment résister à un siège.
Après qu'elle se soit constituée en véritable république
protestante, nommant son gouverneur et refusant d'envoyer des
députés aux Etats du Rouergue, elle se désigne, lors de l'édit
de Nantes, comme affranchie de l'autorité royale. Louis XIII
entreprit une campagne pour ramener à lui les villes protestantes.
Montauban et Saint-Antonin refusèrent leur soumission,
bafouant ainsi l'autorité royale. L'année suivante, après avoir
châtié Nègre-Pelisse, les troupes royales vinrent assiéger
Saint-Antonin. Quinze jours de résistance acharnée : l'armée
royale y perdit 400 hommes ! Mais il fallut se rendre, et cela
coûta 100.000 francs pour être "tenus quittes du pillage,
du violement des femmes et du brûlement de la ville".
A la révocation de l'édit de Nantes, enfin, Saint-Antonin
subit les dragonnades. Nombreux furent les proscrits réfugiés
à l'étranger, dont deux Pennavayre, qui servirent Frédéric II,
pendant la guerre de sept ans.
La visite de la ville médiévale est bien guidée.
Le joyau en est certainement l'hôtel de ville, du XIIe siècle,
tout entier de pierre de taille, dont la façade est portée par
trois arcades à arc brisé, la quatrième supportant la tour. La
place de l'hôtel de ville montre bien d'autres très belles
demeures, du XIIe au XIVe siècles. La halle date seulement
du XIXe siècle, mais elle est ravissante, et les rues qui
l'entourent également recèlent des trésors. Aujourd'hui
chef-lieu de canton, Saint-Antonin présente le visage d'une
petite ville heureuse.
Si les grands courants commerciaux de draperies
et peausseries ont disparu, un autre courant reflue, celui
de la vie moderne bien comprise. Ainsi Saint-Antonin peut
demeurer " un site construit, harmonieux, parfait ".
(E. Pouvillon).

*Sur la rive de l'Aveyron, à la place des
anciens remparts, la promenade des Moines
dessinée dans le goût du XIXe siècle,
donne à Saint-Antonin un petit air citadin.*

*L'Hôtel de Ville est le plus intéressant
des monuments de la cité. La claire voie
de douze fenêtres du premier étage, démontre
une recherche d'un maximum de lumière,
attitude tout à fait nouvelle à l'époque romane.*

Parmi les maisons gothiques de la rue des Carmes, la façade de la "maison des sonnets", importante demeure du XVIIIe siècle. Son bâtisseur fit graver sur le linteau de la porte : "Que cette maison reste debout aussi longtemps que la fourmi mettra à boire l'eau des mers, et la tortue à faire le tour du monde".

Matériaux de réemploi ou restes ornementaux de maisons remaniées, les murs de Saint-Antonin recèlent une foule de ces sculptures anthropomorphes dont la plus touchante est une pierre sculptée en clef de voûte sur la façade mutilée de la "maison de l'Amour".

CORDES

La défaite de Muret, en 1213, semblait avoir
perdu définitivement les comtes de Toulouse. Cependant
Toulouse même resta insoumise, et Simon de Montfort fut
tué, laissant la province conquise à son fils Amaury. Le
principal intéressé était le roi de France, Philippe Auguste,
qui était bien décidé à profiter de l'imprudente position
hérésiaque des Toulousains, et soutiendrait la
"croisade" jusqu'à ce que les comtes rendent merci...
En 1222, cependant, Raimond VII
garde toujours l'espoir, et continue la lutte.
Le village fortifié de Saint-Marcel en Albigeois
avait été démantelé par les troupes de Montfort en 1212.
Le comte de Toulouse s'en vint explorer la région nord
de ses frontières, pour repérer, non loin de l'ex Saint-Marcel,
le "roc de Mordagne". Position idéale pour une forteresse ;
abrupt de toutes parts et dominant les plaines, carrefour
du Quercy, du Rouergue et de l'Albigeois, le roc est choisi
par Raimond VII, en raison de ses multiples
avantages stratégiques, géographiques et politiques.
Ainsi naît Cordes, bastide de défense, campée sur
son piton comme un essaim agglutiné, dominant les plaines
alors dévastées par les bandes pillardes affolées
de désordre, aspirant à la paix, enfin...
Les hasards de l'Histoire firent que la bastide
se révéla en effet imprenable, et surtout n'eut pas à
soutenir vraiment de combats, puisqu'en 1229, fut signé le
traité de Paris, qui réconciliait les comtes de Toulouse et
Blanche de Castille, veuve de Louis VIII. Jeanne, unique fille
de Raimond VII, en épousant Alphonse de Poitiers, frère
du futur Saint-Louis, apportait sa dot, sans coup férir,
dans la corbeille du royaume de France.
C'est un siècle après, à l'âge d'or toulousain,
sous le règne de Philippe le Bel que s'érigea la bastide
que nous pouvons voir aujourd'hui, magnifique architecture
italienne, pur joyau de la Renaissance. Tous les seigneurs du
Languedoc eurent là leur résidence de chasse, et Cordes
connut un temps fastueux de fêtes et de culture.

Les temps ont passé, avec de longues périodes
d'endormissement, la cour du roi de France se transportant
vers Paris, mais par chance la cité fut épargnée par les
guerres de religion, plus tard par la Révolution.
En 1870, Cordes connaît un renouveau économique, avec
le succès des métiers à broder ramenés de Suisse par des Cordais
exilés à Saint-Gall avec l'armée Bourbaki. Maintenant, la
petite ville est sans cesse visitée par les touristes, qui restent
émerveillés par ce "saut dans le passé" qu'ils font le temps
d'une promenade. Nombre d'artistes, et aussi d'artisans
ont élu domicile dans la cité, où l'on ne peut
vieillir, car le temps s'est arrêté.
Bâti dans le grés, allant du rose pâle aux tons
plus dorés, le village médiéval est comparable à des cités
italiennes contemporaines : Lucques, Sienne, San Geminiano.
La chasse est partout présente dans le souvenir : maison du
grand veneur, du grand fauconnier, du grand écuyer... Larges
façades, toits débordants, plats, posés directement sur le
dernier étage. Fenêtres à ogives et colonnettes groupées par
deux ou trois. Étages ouverts en galeries, dont les arcs
s'appuient sur des chapiteaux décorés de feuillages.
Les tours qui ornaient toutes les maisons de
nobles ont malheureusement été rasées ; il n'en subsiste,
tronqués au ras des toits, que de très beaux escaliers à vis.
Cordes doit être parcouru à pied, au long de ses
dix kilomètres de rues pavées : grand-rue, rue Chaude,
Barry, Bourysset, Fourmiguier. Les maisons populaires de
brique ou de torchis forment un ensemble
presque intouché et pittoresque.
"Une carène, incrustée de vieux et précieux coquillages,
s'est échouée tout au bout du monde, à la frontière d'un autre
univers" : voilà l'impression poétique que Cordes a laissée
à Albert Camus. Et pourquoi ne pas saluer la très jolie
appellation moderne qui fut donnée à cette perle médiévale,
"Cordes-sur-ciel" ? Elle résume admirablement la
sensation de rêve éveillé que le visiteur éprouvera durant
sa balade dans ce lieu témoin d'un passé privilégié.

*Parfaitement tracées sur l'étroit escarpement
qu'occupe le village, les rues
sont restées pavées du même grès
ocre que les façades des maisons.*

Ce que Cordes a de précieux, c'est
son ensemble gothique et Renaissance
admirablement conservé. Il donne
une parfaite idée des préoccupations,
des modes de vie et du degré de
raffinement atteint par la culture
occitane sous les comtes de Toulouse.
Toits de tuiles romaines, maisons
nobles dignes de palais italiens, rues
savamment dessinées, tout dans
les pierres de Cordes indique
que l'époque avait de nouveau
tourné ses regards vers la mère latine.

PUYCELSI

La route suit le cours sinueux de vertes et paisibles vallées, entre Gaillac et Caussade. Le paysage est très beau, et surtout étonnamment préservé : point de construction voyante, de maison trop neuve ; les collines se couvrent tout à coup des bois de la forêt de la Grésigne, et soudain, Puycelsi vous saute au yeux. Le bourg est rassemblé en position de forteresse, dominateur, dressé sur une roche plate dont les à-pics tombent au sud sur la vallée de la Vère, au nord sur le ruisseau de l'Audelou, à peine sorti de sa source.

Une côte longue de trois kilomètres amène directement sur le monument aux morts des deux Guerres, et la liste des tombés au champ d'Honneur est bien longue... Si cette stèle évoque ces guerres récentes, la visite à pied livrera l'histoire de la petite cité silencieuse, et évoquera aussi les combats lointains entre ses murs, ne laissant que le souvenir des morts, et pas de noms. Les gens vivaient en paix, ici, au XIIe siècle, sous la protection de la puissante abbaye d'Aurillac, et de celle du village dont l'abbé se nommait Pierre. Les Chrétiens étaient si fermement encadrés par leurs communautés religieuses qu'il n'y avait eu l'ombre d'une hérésie. Mais voilà que l'abbé Pierre eut l'idée, ce 12 octobre 1180, de vendre le four et les censives du château au seigneur comte Raimond V... Ainsi, Puycelsi passant en la possession des comtes de Toulouse, devenait l'ennemi des croisés, sous le fallacieux prétexte qu'il accordait protection aux Cathares.

Le 5 juin 1211, l'armée croisée campe sur les bords du Tarn, et après avoir occupé Rabastens et Gaillac, se présente devant Puycelsi. Sur le conseil de Guilhem Peyre, l'évêque d'Albi, les gens de Puycelsi ne ferment pas leurs portes et grâce à l'habile diplomatie du prélat, il n'y aura, cette fois, qu'une chaude alerte ; mais une garnison des soldats de Simon de Montfort s'installe, en occupation, pour quelques mois seulement, puisqu'à la fin de l'hiver, après l'échec du siège de Castelnaudary, Raimond de Toulouse put se croire victorieux, et Puycelsi, après avoir facilement neutralisé la petite garnison des gens du Nord, se rallia, en grande liesse, au "preux comte". Mais, on le sait, Simon de Montfort avait l'appui du royaume de France. Avec de nouveaux renforts,

il reprit l'offensive depuis Carcassonne, et après une contre-offensive acharnée, défit les comtes de Toulouse, de Foix et de Comminges, ainsi que le sénéchal du roi d'Aragon, venus pour soutenir la place assiégée. Hélas, après sa mort, et en dépit de l'échec flagrant de la croisade, le nouveau comte de Toulouse dut accepter l'humiliant traité de Paris, en 1229. Puycelsi serait démantelé. A la mort de Raimond VII, les puycelsiens feront connaissance avec de nouveaux maîtres, Alphonse de Poitiers, époux de Jeanne de Toulouse, annexant les terres occitanes à l'Aquitaine. Mais il est dit qu'on ne les vit jamais : seuls passèrent les collecteurs d'impôts. La solidité des défenses du bourg agira comme dissuasif dans plusieurs circonstances alarmantes : soit que les hordes pillardes des "Pastouraux" surgissent, détruisant tout sur leur passage, (1320), soit que pendant la si longue "guerre de Cent Ans", les Gascons aux ordres du prince Noir ravagent toute la province albigeoise, (1355), ou en 1363, envahissent encore une fois la région, sous la bannière du vicomte de Monclar.

En 1375, pour ajouter aux malheurs de la guerre, survient la peste ! La population fut réduite, dit-on, à vingt-huit feux ! Le plus dramatique siège de Puycelsi date de 1386.

Le sire de Duras, à la tête de cinq cents anglais, arrive en bas de la forteresse. Les habitants de Puycelsi s'en tireront par la ruse, en promenant un cochon gras, bien en vue sur les remparts... Les assiégeants, dégoûtés, s'en furent plus loin, piller les places moins bien gardées !

L'actuelle vision du village est celle d'une époque enfin heureuse et délivrée des périls de la guerre. Symboliquement, il ne reste du château que les salles basses, dont une a servi de collecteur de pluies. La délicieuse chapelle Saint-Roch construite au bord de l'abîme, fut entièrement faite des mains de la population, après la grande peste, en 1705. Les remparts suivent la table de roc, pour s'arrêter à l'à-pic de 85 mètres, qui les rend inutiles, en constituant une défense naturelle. Le château des capitaines-gouverneurs est un édifice de vingt mètres de long, flanqué de deux tours. L'une abrite la porte d'entrée, de bois cintré et ornée de moulures ; l'autre est percée d'une fenêtre géminée, et dans le mur, des orifices étaient destinés aux armes à feu.

La place "du fus" rappelle qu'à Puycelsi on fabriquait rouets et fuseaux. Une rue très pentue amène à la très belle "maison des gardes", et à la porte de l'Irissou, qui n'avait ni fossé, ni pont-levis, mais devait être barrée de poutres transversales. Le chemin de ronde tourne jusqu'à une autre porte, défendue par la tour "de la prison". La place de la mairie est l'un des endroits les plus séduisants du village. La "maison commune" est restée telle qu'au XVIe siècle, fort bien restaurée. En face, est la "maison Féral", façade du XVIe siècle, à visiter : l'intérieur est aussi beau que l'extérieur. La promenade se fait dans un calme et un silence enchantés, comme si un sort avait frappé Puycelsi. Si cette merveilleuse paix, est un moment d'élection, il faut tout de même souhaiter que nombreux soient les passionnés du village qui viendront l'habiter, et lever cet enchantement... L'endroit mérite de revivre, dans sa beauté préservée. D'ailleurs, il reste d'admirables maisons, bien ruinées, qui réclament un maître.

Puycelsi, grâce au
travail de quelques
amoureux, commence
à sortir de l'oubli
et à relever ses ruines.
Bien des maisons à
colombages des XIIIe
et XIVe siècles,
qui tiennent encore debout
par habitude, attendent une
réparation urgente.
Ce village rural qui
comptait plus de mille
habitants au début du siècle
dernier, était
presqu'abandonné il y
a quelques années.
Quelques fils de Puycelsi
travaillant dans les villes,
des "étrangers" séduits par
la qualité du village, des
commerçants, des artisans,
et maintenant les touristes,
raniment les rues endormies
pendant la bonne saison.

BRUNIQUEL

Fascinant Bruniquel…Il surgit à la sortie d'un sentier
forestier, comme un mirage, émergeant de la dense étendue
de la Grésigne. Rencontre avec l'image de la Gaule qu'on nous
a maintes fois décrite : rien, dans la nature, n'a vraiment
changé depuis la fondation de la cité de Brunehaut.
Le passé semble ici si réel que l'on n'a aucune
peine à croire ce qui n'est peut-être qu'une légende :
les petits-fils de Clovis, Sigisbert, et Chilpéric, eurent à se
partager le royaume des Francs. L'un eut l'Australie,
(royaume de l'Est), l'autre la Neustrie. Sigisbert épousa
Brunehaut, fille du roi des Wisigoths d'Espagne, et Chilpéric,
la sœur aînée de Brunehaut, Goleswinthe. L'union de
Sigisbert et Brunehaut fut heureuse, alors que très vite,
Chilpéric prit pour maîtresse, Frédégonde, et en vint à faire
assassiner la malheureuse Goleswinthe. Horrifiée, la reine
Brunehaut réclama le "wergeld", ou prix du sang. Elle devint
l'héritière des possessions de sa sœur. Bruniquel
se trouvait dans les territoires ainsi acquis.
L'histoire vérifiable de Bruniquel commence
réellement avec Bertrand de Bruniquel, son seigneur,
fils bâtard d'un comte de Toulouse. Il fait flotter sur les
remparts la bannière rouge, ornée de la croix perlée.
Les premières "coutumes" datent de 1321,
suivies de nouvelles, plus larges, en 1328, obtenues à
la suite d'une révolte des habitants du village contre les
tuteurs des deux jeunes châtelaines, Bertrande et Marguerite,
héritières du vicomte Raynal. Le village traverse les XIVe et
XVe siècles, avec les heurs et malheurs de tout le territoire
occitan. Au XVIe siècle, la ville "est l'une des premières à se
libérer du joug catholique". Bientôt "place de sécurité", c'est
l'une des quinze églises protestantes du Haut Languedoc.
Bernard de Comminges, vicomte du lieu, s'illustre
à la tête de la cavalerie protestante. Le capitaine Payrolles
assiège Cordes (22 mai 1574), et y trouve la mort, et la gloire.
Louis XIII assiège en vain Montauban en 1621.
Mais ses troupes investissent les environs. Sans doute
à la faveur d'une trahison, les Catholiques s'infiltrent par la
"porte neuve", et les Protestants se retirent en désordre.
Quant à Louis XIV, il n'attend pas la Révocation de
l'édit de Nantes (1685) pour s'attaquer aux libertés religieuses.

Nombre de "Bruniquelais" préfèrent prendre le maquis en
forêt, ou s'exiler, plutôt que d'aliéner leurs consciences. Ainsi
Ysarn de Grèze, qui après avoir vécu en Asie, sous les
enseignes du grand Turc, revint chez lui, où il enseigna la
culture du ver à soie. Un compagnon de Cyrano de Bergerac,
Lebret, a conté le siège de Bruniquel, en décembre 1621, qui
ne dura que quelques jours, malgré les efforts des consuls
protestants pour empêcher le ravitaillement de la place forte
investie par l'ennemi. Le 20 décembre, le duc d'Angoulême,
aidé par Clairac, consul de Cordes, se trouve devant les murs,
et Bruniquel doit capituler dès les premiers jours de janvier.
Les jalons du passé de la ville sont nombreux :
l'hôpital qui se trouvait derrière l'église a disparu,
mais il reste la "fontaine des malades", où furent parqués
les contagieux, loin des bien-portants.
L'église, hélas, a été très remaniée, reconstruite même
avec les pierres du temple protestant, après la révocation de
l'édit de Nantes. La promenade du Ravelin part de l'église
vers le Rocas. Les remparts ont été démantelés
après la paix de Montpellier (1622).
La place du Rocas s'étend au pied du "mur vieilh", et
communique vers la campagne par la porte basse,
qu'empruntaient les gens pour aller à leurs travaux des
champs, comme les marchands pour venir aux foires. Les
maisons de la rue droite ont pour façade arrière le mur vieilh.
La rue droite traverse la cité dans toute sa longueur, et
presque toutes les rues convergent vers la place du Mazel
(boucherie), qui fut l'abattoir, que les consuls surveillaient de
près, contrôlant les profits de viande, suif et cuir. Le château
s'élève sur les bords de l'ancien fossé. Ses murs, fin XIIIe
siècle, n'ont ni tours ni mâchicoulis : des tourelles
de bois étaient placées sur les contreforts. La grande
tour qui dominait le chemin de ronde de quatre étages fut
démoli avant la Révolution. Reste l'ancien donjon,
de construction romane, dont deux étages furent hélas
rasés sous l'Ancien Régime.
Le "castel Biel" figure un autre temps, avec
sa galerie Renaissance et sa tour octogone, dont la vue
sur la vallée de l'Aveyron est exceptionnelle.
Le "château jeune" (fin XVe) est né d'un héritage,
et d'un partage familial. Maffre de Comminges et son
fils en construisirent le gros œuvre. L'encadrement de la porte
principale a été refait au XVIIe siècle, ainsi qu'une cheminée
dans la grande salle que l'on atteint par un bel escalier à vis.
Dans le village, un peu partout, les maisons
ont gardé la mémoire du Moyen-Age : fenêtre
géminée d'une maison notable, arcades et étals de pierre
d'une boutique. La rue débute à la "porte du Rocas",
en son centre est la "porte méjanne", et enfin
la "porte neuve", restaurée en 1652.
Séduits par l'authenticité de la cité, nombreux
furent les artistes qui vinrent y séjourner. En 1830,
Charles Nodier y rédigea une partie d'un ouvrage sur
"les villages romantiques et pittoresques de l'ancienne France".
Beaucoup de peintres et de sculpteurs, dont Marcel Lenoir,
y vécurent. Une nouvelle page s'est ouverte à Bruniquel,
celle des Arts. Les noms de Lenoir, Granowski, Ékegardt,
Astroy, de Andrad Zadkine, prouvent la révélation soudaine
de ce pays, où témoins de pierre et légendes attirent
impérieusement ce que l'homme a de meilleur : l'esprit.

*Entouré de légendes,
le château de Bruniquel a été
maintes fois transformé entre
le XIIe et le XVIIe siècles.
La partie orientale, dressée
sur la falaise qui surplombe
l'Aveyron, est le "château
djoubé", ainsi nommé par
opposition au "Castel biel",
plus ancien. Il fut construit
à la fin du XVe siècle
par Maffre de Comminges
et son fils, à la suite
d'un partage familial.
A part la porte principale,
"enjolivée" au XVIIe siècle
par des cariatides de style
baroque, et quelques détails
d'ornementation intérieure,
cette partie du château
est celle qui a le moins subi
de modifications.*

*Les façades des maisons
ont presque toutes gardé la
mémoire du Moyen-Age :
fenêtres géminées, arcades
de boutiques, portes
en arc brisé des demeures
de marchands, dont certains
noms, Nogaret,
Raygasse, Arcambal,
nous sont parvenus.*

AUVILLAR

Les fleuves ont été les premières voies empruntées par les voyageurs, comme par les marchands. Il est vrai que les routes ont été fort longtemps exécrables... Qui ne se souvient de certaines petites routes blanches, pierreuses, pleines de trous et de bosses ? En Espagne, on les qualifiait de " criminelles ". Avant que l'utilisation de l'asphalte ne fasse faire un progrès énorme au trafic routier, il était sûr de circuler en bateau. De plus, les mauvaises rencontres étaient plus faciles à repérer ; dès qu'un fleuve ou une rivière était navigable, l'activité sur l'eau et sur les berges était considérable. Auvillar a dû sa propérité au fait qu'après avoir sans doute existé sous le nom d'"alta villa" au temps des gallo-romains, elle descendit de sa colline pour essaimer au bord de la Garonne. Sa population était en grande partie constituée de pêcheurs, le fleuve était fort poissonneux ; puis l'installation d'un port fit sa fortune.

Les origines d'Auvillar sont très anciennes : avant même que d'avoir les coutumes qui lui furent attribuées par son seigneur, le vicomte Saxet en 1120, il y a trace de l'existence d'une vicomté au XIᵉ siècle, dont le seigneur a pour nom Odon. Privilégiés par leur situation dans une très belle région à la terre fertile et baignée par son fleuve imposant à ce passage de son cours, les gens d'Auvillar sont riches, et parfois profitent de la nécessité qu'ont les voyageurs de prendre pied dans leur port pour les rançonner... Ce sont des gens qui " sentent le vent ", dirait-on aujourd'hui :

au moment de l'hérésie albigeoise, le village se sépare des comtes de Toulouse, et sont aux côtés de Simon de Montfort ! Cela leur vaut de passer à la postérité dans l'œuvre de Guillaume de Tudelle, qui relata la croisade :" *E si nos las tendas no les podem aluhar, no i a mas que fugam tot dreit ad Autvilar* ", " Et si nous ne pouvons les éloigner des tentes, (les ennemis), il n'y a qu'à fuir tout droit jusqua Auvillar ". Peut-être, en récompense de leur attitude, sont-ils les premiers à accueillir un monastère dominicain, en 1275... Cependant, durant la guerre de Cent Ans, les habitants de la petite cité doivent souffrir, comme tout le Sud-Ouest. En 1336, le comte d'Armagnac, leur seigneur, les exempte d'impôts tant leur situation est misérable, et ce pour vingt ans.

Après le traité de Brétigny, Auvillar, avec l'Armagnac et la Lomagne reste au royaume de France, avec une cruelle parenthèse, qui dure quatre ans, le roi Charles le fou ayant donné l'Armagnac au prince noir en 1364. De 1526 à 1589, Auvillar, dépendant des rois de Navarre, a pour seigneurs les d'Albret. Les guerres de religion touchent prudemment la cité, restée catholique ; en 1562, puis en 1574, les huguenots détruiront la ville et la tour Saint-Pierre, et enfin le château vicomtal.

La paix revenue, Auvillar profitera des facilités accordées par Colbert à tous les créateurs de fabriques, et aura sa célébrité dans les faïenceries, dont le maître le plus coté est Mathieu Rigal : il peignit des motifs de chasse, des paysages, en bleu sur un émail très légèrement azuré. Les faïences d'Auvillar étaient vendues partout, en commençant par Bordeaux. Le XVIIᵉ siècle fut l'époque où l'aristocratie et les bourgeois firent le sacrifice de leur vaisselle plate pour les guerres qui réclamaient de plus en plus d'argent ; on achetait, en remplacement de la vaisselle de porcelaine ou surtout de faïence.

Le site d'Auvillar est très beau, sur le haut de la cité, qui a une vue magnifique sur la Garonne, comme en bas, au " port ". La tour de l'horloge est toute en brique, avec une toiture mansardée surmontée d'une cage de fer forgé ; elle date du XVIIᵉ siècle.

Dans la rue " obscure " qui porte bien son nom, à voir, des maisons à pans de bois et la tourelle de brique polygonale (Louis XIII) qui fait partie de l'ancienne maison consulaire. L'église Saint-Pierre est classée. Elle a été restaurée au XIXᵉ siècle, dans son style d'origine, XIVᵉ siècle. De la promenade du château, le panorama sur la Garonne est grandiose. On peut voir en bas, à gauche, l'ancien port de la Vierge des marins. La place de la halle est triangulaire, très médiévale, avec des cornières en plein cintre et anses de panier. En son milieu, une très jolie halle aux grains, toute ronde, en brique avec sa colonnade toscane. Elle est assez récente : 1828. On y a conservé les anciennes mesures à grains. Dans la rue des Nobles, il y a plusieurs maisons du XVᵉ siècle, dont la plus célèbre est celle de Bertrand de Goth, devenu pape Clément V. La porte de la fontaine, hélas démolie en 1921, conduisait au port. Il faut bien entendu descendre au port, pour voir l'autre aspect d'Auvillar. Il reste l'église Sainte-Catherine, qui fut remaniée au XIVᵉ siècle par Clément V. Sur la façade, un très curieux monogramme du Christ, de l'époque carolingienne.

Auvillar doit une relative célébrité à sa halle ronde, unique de cette forme dans la région. C'est autour d'elle et de sa restauration qu'a débuté un mouvement d'intérêt pour les autres monuments du village.

Les maisons du vieux quartier, la tour de l'Horloge, ont mis à nu des murs où la brique, seul matériau disponible sur place, domine. Quelques murs sont appareillés aussi avec les galets de la Garonne, ou de la pierre taillée, matériau rare et cher, que l'on amenait de très loin, par le fleuve.

99

FOURCÈS

"C'est une parfaite bastide ronde qui nous
apparaît, pacifique et charmante, située dans la vallée
de l'Auzoue. Sa naissance se repère vers la fin du XIe siècle,
et il est probable qu'elle fut bâtie autour d'un premier
château, à donjon de bois, sur "la motte vieille", actuelle
place circulaire du village. L'actuel château, lui, date
des années 1500, et fut reconstruit par Bertrand, seigneur
de Fourcès, à un emplacement différent : il jouxte
le village, et se reflète dans la rivière.
La bastide, formée déjà par les quelques vingt maisons
rescapées de la démolition de 1488, fut alors constituée.
Entourée d'une enceinte circulaire dont il reste quelques
fragments, elle est devenue le Fourcès actuel qui en a conservé
le plan originel. La porte ouest est intacte, dans une tour
carrée, ancienne "tour du pourtau", aujourd'hui nommée
"tour de l'horloge". En haut du mur d'enceinte, au sud
de la tour, se détache une tête d'homme, en pierre :
c'est le chevalier qui veille sur Fourcès, et veillera jusqu'à la fin
des temps, dit la légende. Une charte atteste qu'avant
la construction du village, il existait là une place-forte.
Mais, lors de "la guerre de Saint Sardos", (un prélude
de la guerre de Cent Ans), la place, qui appartenait
à Edouard III Plantagenêt, roi d'Angleterre, en sa qualité
de duc d'Aquitaine, fut entièrement démantelée.
Le château que nous pouvons voir aujourd'hui
aurait été construit sur l'emplacement de cette place-forte.
Bien que très mutilé, il laisse percevoir la volonté de la part
du seigneur Bertrand de Fourcès, d'en faire, outre un moyen
de défense, une résidence de plaisance. C'est un des rares
spécimens de l'art de bâtir sous les règnes de Louis XII et de
François 1er. Deux dates sont gravées sur le fronton
triangulaire orné de boules des lucarnes méridionales : 1614,
1615. Mais malgré les décorations gothiques, les moulures et
guirlandes feuillagées et brodées, il demeure que les
canonnières percent chaque niveau de la tour ronde, de même
qu'un mâchicoulis élégant, tout en couronnant la tour
d'escalier, en défend bien l'accès. Le territoire de Fourcès,
situé aux frontières de l'Aquitaine, donc anglais, fut pris sur
ordre des comtes de Toulouse pour le royaume de France ;
il repassa aux mains des Anglais, à plusieurs reprises,
ne devenant définitivement français qu'à la fin
de la guerre de Cent Ans.
Maintenant, grâce à *"arebiscoula"*, (qui signifie en occitan
"donner un regain de vie"), Fourcès s'efforce au renouveau :
de nombreuses restaurations de maisons à colombages ont
été effectuées par les habitants ; des animations folkloriques,
bals gascons, foires à la brocante, et même un petit musée
d'instruments agricoles et ménagers anciens ont été réalisés
avec succès. Le dernier dimanche d'avril, a lieu sur place un
gigantesque marché aux fleurs, où viennent de nombreux
acheteurs et touristes. Hors de l'enceinte, se trouve l'église,
qui a conservé son clocher d'origine, carré, une gênoise
soulignant la base de la flèche moderne, très aiguë : car le gros
œuvre a été reconstruit en 1870. Le moulin fortifié ne garde
qu'une très belle salle des meules intacte. La place des
Cornières a, hélas, elle aussi subi de regrettables
transformations au début de ce siècle.
Malgré ces vicissitudes, inévitables au cours
des temps, Fourcès reste une découverte à faire à l'écart
des grandes voies de communication.

*L'originalité de Fourcès doit tout à sa forme circulaire
dont on connaît mal l'origine… Bastide, ou castrum
antique ? La place ronde aux galeries couvertes s'ouvre,
à l'ouest, directement sur la campagne par le passage
sous voûte de la Tour de l'Horloge, vestige
de l'ancien appareil de défense du village au Moyen-Age.*

BASSOUES

La mémoire collective de Bassoues attribue ses
origines à l'un des nombreux miracles de son saint vénéré,
Fris, fils du roi des Frisons et neveu de Charles Martel.
En 732, les troupes sarrasines, défaites à Poitiers, cherchent
à gagner les Pyrénées, en empruntant la "Ténarèze",
voie d'accès qui suit les crêtes et permet la transhumance
de la Gironde aux Pyrénées. Alors que les Francs se lançaient
à la poursuite des guerriers d'Abder Rhamman, le chevalier
Fris fut atteint par une flèche, mais, comme il n'avait pas
désarçonné, son cheval l'emporta jusqu'au bord d'une rivière,
la Guiroue. Il expira là, au pied des côteaux de Bassoues
et ses compagnons l'y ensevelirent.
L'histoire a été rapportée de bouche à oreille
par les anciens, mais la tombe ignorée. Jusqu'au jour
où un paysan eut la curiosité d'explorer une pierre cachée
par des broussailles où il avait dû maintes fois aller rattraper
une de ses vaches. Le paysan souleva la pierre et eut
la surprise de découvrir le corps de Fris, intact, cuirassé
et casqué, ses armes aux côtés ! Il existe aujourd'hui à cette
place un "pont chrétien". Quant au corps du chevalier, on
convint de lui donner meilleure sépulture ; une église fut
construite en son honneur et l'on se mit en devoir d'y
transporter le lourd sarcophage de grès.
Les plus forts attelages renâclaient ; on eut l'idée
ou la foi de mettre seule dans les brancards la vache qui s'était
nourrie de la pierre tombale : elle tira sans effort son saint
jusqu'à son dernier repos. Si grande fut la renommée
de saint-Fris, qu'en 1020 les bénédictins de Pessan
fondèrent un monastère à Bassoues.
On peut voir aujourd'hui, à trois cent mètres au levant
de la petite ville, la basilique restaurée, où dort enfin en paix
le chevalier chrétien. En 1279, l'archevêque d'Auch, seigneur
de Bassoues, lui accorde charte et coutumes, il fonde
une bastide gasconne, semblable à ses voisins : place carrée
centrale, en son milieu une halle couverte et un puits public.
A l'heure actuelle, comme à Gimont, la rue centrale traverse
la halle. L'enceinte fortifiée a quatre tours d'angle et
s'appuie sur le château, construit à l'occident de la ville par
l'archevêque Arnaud Obert. Les murs d'enceinte ont en
grande partie disparu, le château a été défiguré par de
nombreux remaniements, il a perdu un portail gothique
ouvert par Philippe de Levis, un autre archevêque d'Auch.
L'église Notre-Dame fut construite en même
temps que la bastide, des restaurations ont été effectuées
à plusieurs reprises en particulier au XVIe et XIXe siècles.
Ces vestiges du passé valent une flânerie dans la petite cité,
mais la plus belle et plus spectaculaire image de Bassoues
est bien son donjon. D'une architecture militaire imposante,
cette tour est appelée "la masse" et récemment des
archives du Vatican ont livré sa date de construction : 1368,
à la suite du château donc ; et ordonné par le même
archevêque Arnaud Obert, neveu du Pape Innocent VI.
Le donjon domine la bastide de toute sa hauteur de 43 mètres,
la protégeant de son flanc de huit mètres, de ses murs
de deux mètres d'épaisseur.
Bassoues est l'une des plus pittoresques bastides
de l'Armagnac. Si elle est toute petite, elle sait vous
attacher, et ne vous laisse pas repartir sur les routes vertes du
pays de Montesquiou sans avoir subi son charme, le charme
de Saint-Fris peut-être.

Le donjon de Bassoues
est la sentinelle
disproportionnée d'un
village de poupées. Du haut
de ses 43 mètres, on pouvait
surveiller tout le village,
mais aussi la succession
de collines qui s'étalent
jusqu'aux Pyrénées.
En cas de danger pressant,
la population pouvait
s'entasser dans les vastes
salles du donjon, et
attendre que l'orage passe...

Une rangée de maisons médiévales, sur cornières de bois, dont la facture est très répandue dans tout le Sud-Ouest, forme ruelle avec elle, et s'évase sur la rue-route.

RIEUX VOLVESTRE

Un petit oiseau, un peu démon, le "papogay",
il y a quatre cents ans, avait tenté de séduire la fille
du seigneur. C'est que le mois de mai apporte au cœur
des gens de nouveaux troubles. Au Moyen-Age, on demande
secours à la Vierge tout au long des fêtes qui célèbrent
le retour du printemps, car le diable guette. A Rieux,
les habitants n'ont jamais laissé tomber la tradition.
Le "Mai" est célébré avec autant de ferveur qu'autrefois.
Le papogay, maintenant, est planté sur un bâton de bois peint,
long de quarante-cinq mètres, et les meilleurs archers d'ici
et de la région se rendent au "pré", qui est devenu le stade.
Là, ils feront assaut d'adresse pour abattre l'oiseau du diable.
Si par chance, vos pas vous mènent à Rieux le premier
dimanche de mai, vous verrez une ville en liesse, et derrière
la statue de saint Sébastien, une longue procession, qui défie
le temps, car tous auront à cœur d'être en costumes
du Moyen-Age pour applaudir les prouesses des champions !
Dans la région du Volvestre, tout près de la plaine
de Muret, mais déjà aux vallonnements qui annoncent les
Pyrénées, Rieux se plaît dans la douce boucle de l'Arize,
rivière tranquille, que deux ponts ici franchissent, l'un d'eux
depuis le XVe siècle, l'autre bâti à la grande époque de
l'évêché, par François de Berthier, en même temps qu'un
splendide palais épiscopal, au XVIIIe siècle.
En 1317, le pape Jean XXII, après avoir démembré les
diocèses de Toulouse et de Pamiers, décide de créer les évêchés
de Montauban, Lombez, Saint-Papoul, Mirepoix, Alet,
Lavaur et Rieux. Le premier évêque est Jean Tissandier,
un cordelier quercynois, et sa dignité n'est sans doute pas due
au hasard, car Jean XXII est natif de Cahors…
Au vieux sanctuaire du XIIe siècle, est greffée la nef d'une
nouvelle cathédrale ; à cet ensemble sera ajouté au XVIIe
siècle, par le même François de Berthier, le très beau chœur
des évêques, pourvu de stalles fastueuses. Le portail,
et les chapelles datent de la même époque. La tour-clocher,
octogonale, à trois étages ajourés, s'élance, grâcieuse,
signalant comme un phare, de très loin de la vallée, la
présence de la cathédrale. Véritable chef-d'œuvre du style
toulousain, le clocher a toujours été considéré comme "l'un
des plus beaux du royaume pour sa hauteur et sa structure
antique" (Espilly, XVIIIe siècle). Splendide édifice à
l'extérieur, la cathédrale abrite, outre le chœur, un trésor
d'art religieux, le reliquaire d'un saint du Haut Moyen-Âge,
saint Cizi qui était considéré par les troubadours
comme un héros des chansons de geste.
La dignité d'évêché avait fait de Rieux l'une
des villes les plus attrayantes et les plus prospères des XVIIe
et XVIIIe siècles. A la Révolution, le diocèse disparaît.
Mais, heureusement, restent les merveilles architecturales
de la petite cité. Vieilles maisons où la brique et le bois
se joignent dans des effets très décoratifs ; porches de brique
rose ornés de têtes d'homme en pierre ; aux fenêtres, jolis
balcons de fer forgé en berceau ; lourdes portes de chêne qui
gardent les entrées des cours d'anciens hôtels particuliers.
Ainsi, malgré le nouveau sommeil où l'a plongé
l'histoire, Rieux-Volvestre vit bien le présent. Comme
chaque année, il fête le retour du printemps à la chasse
au "papogay", il a toutes les raisons, tout en ayant l'orgueil
du passé, de croire au futur : après tout, tant que le
Monde est Monde, le retour de Mai est éternel…

Lovée dans un méandre de l'Arize, toute une partie du vieux Rieux regarde la rivière que l'on franchit encore sur les deux ponts du XVe siècle, parfaitement restaurés.
L'un d'eux a conservé, sur le contrefort de la pile centrale, un oratoire comme on en construisait souvent au Moyen-Age.

Le vieux quartier des clercs, dominé par la tour-clocher octogonale de la cathédrale, de pur style toulousain, cache des maisons des XIVe et XVe siècles, à galeries de bois ouvertes sur des jardinets intérieurs, alors que les façades en encorbellement, plus austères, ne s'ouvrent sur la rue que par de modestes portes à voûtes de briques.

Au XVIIIᵉ siècle, toute la bourgeoisie
régionale orna ses portes et fenêtres de
balcons de fer forgé et de cariatides de pierre.
Au XIXᵉ siècle, la terre cuite fit mieux l'affaire
et donna naissance à une véritable industrie.

MIREPOIX

La petite ville médiévale de Mirepoix est sur
la route moderne des pèlerinages dominicains et
mariaux, qui va de Carcassonne à Lourdes. Son histoire
s'inscrit en trois époques, puisqu'un premier établissement
celte s'installa à un kilomètre en aval de la ville actuelle.
Au Moyen-Age, une deuxième agglomération est bâtie sur les
bords de l'Hers (1060). Mais une inondation catastrophique
due à la rupture du barrage de Puivert détruit entièrement
la ville en 1279. Il fut alors décidé d'abandonner les rives
de l'Hers pour un lieu plus rassurant, et l'on construisit
la cité à l'emplacement qu'elle occupe actuellement.
La ville nouvelle est bâtie sur le modèle des cités
modernes de l'époque : axes perpendiculaires, rues de
même largeur, divisant le quadrilatère presque carré (400 m
Nord-Sud, 413 m Est-Ouest), en 28 îlots, ou " moulons ".
La première pierre de l'église sera posée
par Constance de Foix, épouse de Jean I, en 1298.
En 1317, honneur suprême, le pape Jean XXII
fait de Mirepoix la capitale d'un nouveau diocèse.
Avant d'être le fief des seigneurs de Lévis Mirepoix,
la ville et ses terres étaient le domaine de Raimond Roger,
vassal du comte de Foix, et comme son suzerain, résolument
du parti des Cathares. Quand Simon de Montfort assiégea
la place, malgré une résistance acharnée, le château fut
pris (22 sept. 1209), et en récompense, la ville, les terres et le
château furent donnés à Guy de Lévis, un " baron du Nord ".
La rancœur finit par disparaître, et les croisades
en Terre Sainte aidèrent à faire oublier le passé aux
habitants. La maison de Foix préféra la conciliation à de
nouveaux combats, et en 1223, Guy de Lévis prêta serment
d'allégeance aux comtes de Foix. Mais, à la mort du comte
Raimond Roger, Guy de Lévis en profita pour recouvrer son
indépendance. La beauté médiévale de Mirepoix se réclame
surtout de l'époque fastueuse de son évêché, les plus belles
maisons des XIVe et XVe siècles.
En 1355, la chevauchée du Prince Noir entraîne
ici ruine et émigrations ; beaucoup de " mirapiciens "
partent pour la Catalogne. Après le traité de Brétigny,
des bandes de routiers dévastent le pays, et l'un d'eux,

" Jean Petit ", incendie la ville (1362).
Les remparts sont alors édifiés, pour assurer
à la cité une meilleure protection (1364). En avant, de
profonds fossés, et un chemin de ronde, " les escoussières ".
De nos jours, il reste, en témoin, une porte : la porte
d'aval ; la porte d'amont, la porte de Bragot et celle de la
Roque, qui donne vers le pays d'Olmes, ont disparu.
La place est entièrement entourée de galeries
de bois formant portique sous le premier étage
des maisons. Les couverts reposent sur de solides poteaux
carrés en cœur de chêne.
Sur leur tête, un " chapeau ", sur lequel
est posée la poutre de portail. Les abouts sont très élégants.
Chaque maison comporte au moins deux étages, et son
rez-de-chaussée en retrait s'ouvre sur le couvert. Sur
le " grand couvert ", le plus élevé, furent édifiés
la Maison de justice du Seigneur, devenue la " maison
des consuls ", la plus magnifique œuvre d'art de Mirepoix,
et l'hôtel de ville, bâti en 1692.
La cathédrale gothique fait à juste titre
la fierté des habitants. Sa nef est la plus large de France.
Elle comporte sept chapelles, dont les clefs de voûtes sont
remarquables. A l'extérieur, le porche, et le clocher, très
élancé, sont dus à Philippe de Lévis, évêque de Mirepoix, (fin
de XVe siècle début du XVIe). Au même Philippe de Lévis est
due la construction du palais épiscopal (1529-1535).
Mirepoix a ses hommes célèbres : le maréchal Clauzel,
l'amiral Vallon, l'astronome Vidal, et bien sûr,
le duc de Lévis Mirepoix, qui a dit joliment : " mon nom
est le vôtre, et mon cœur est à vous. "
Si longtemps le Midi a considéré Mirepoix
comme la pénitence infligée par le royaume de France
aux occitans, maintenant, la petite cité a su regagner tous
les cœurs, par sa fierté et l'insertion méridionale totale de
ses nouveaux seigneurs. Le duc de Lévis Mirepoix a su chanter
sa ville avec un amour bien convaincant :
" Mirepoix, ses rues s'entrecroisant comme des rayons,
la lumière et l'ombre y sont également douces ; elle accueille
et reccueille, et diffuse le charme de la vie ".

119

Tout le charme de Mirepoix est résumé dans sa célèbre
place à couverts, l'un des ensemble médiévaux
les plus complets et les mieux conservés du sud de la France.
Sur les 112 mètres de sa longueur une enfilade de piliers
en cœur de chêne vieux de 7 siècles, sculptés
ou à l'état brut, forment une galerie couverte ininterrompue.
La "Maison des Consuls" supportée par 25 solives
aux abouts sculptés, représentant des têtes
d'animaux, d'hommes ou de femmes, est la plus regardée.

*Sur cette place qui, de l'unique ensemble
de maisons, à la grande nef gothique de la cathédrale,
doit tout au Moyen-Age, une petite halle du siècle d'Eiffel.*

SAINT BERTRAND DE COMMINGES

"Il est des lieux inspirés". Et, à n'en pas douter,
Saint-Bertrand-de-Comminges en est un. Surgi de la plaine,
dressé sur son piedestal rocheux aux flancs escarpés, le bloc
de la cathédrale et de la ville se détache sur le fond des proches
Pyrénées, comme une avant-garde de la chrétienté.
Avant qu'elle ne soit "Lugdunum convenarum",
elle fut un oppidum consacré au dieu Lug, par les Celtes
au IIIe siècle avant notre ère : le site, déjà, méritait
d'être consacré à la divinité…
En 72 avant Jésus-Christ, le général romain
Pompée en fait une ville ; elle est citée, dans l'itinéraire
d'Antonin, comme "la Rome des Pyrénées" – C'est alors une
ville de grande importance, les fouilles faites dans les temps
modernes l'attestent : 60 000 à 80 000 habitants vécurent
dans, et en bas de l'actuelle acropole.
Le musée lapidaire conserve des témoins de
cette brillante époque : mosaïques, statues, colonnes,
pierres où se lisent des inscriptions latines. Plus évocatrice
encore, la villa gallo-romaine de Montmaurin, dans la plaine,
est littéralement habitée par ceux qui travaillaient et vivaient
autour de la famille patricienne : plus de cent, certainement,
que l'on imagine dans les jardins, les thermes, les péristyles ;
en somme, ce carrefour archéologique couvre un passé
de plus de 2000 ans réparti sur les civilisations romaine et
chrétienne. Au IVe siècle, le christianisme apparaît,
une première basilique est édifiée, près de la chapelle
Saint-Julien-du-Plan. Elle sera détruite par les vandales, et
deviendra une nécropole. Au Ve siècle, la ville désormais
gauloise devient le siège d'un évêché. Mais ce ne sera qu'au
XIe siècle, à l'arrivée de Bertrand de l'Isle comme évêque de
Comminges, que la ville prendra son véritable essor.
Sous un toit unique, le "vaisseau cathédral" abrite
trois églises d'époque, de style et de construction différents.
Église romane, du XIIe siècle, bâtie par
Saint-Bertrand lui-même. Église gothique, du XIVe siècle,
édifiée par l'évêque Bertrand de Goth. Église Renaissance,
avec son jubé, de l'évêque Jean de Mauléon.
Le cloître s'ouvre au sud de la cathédrale, campé sur
l'aplomb des remparts. Seulement trois galeries sur quatre sont
romanes, celle du nord étant plus tardive et gothique.
L'évêque Jean de Mauléon, à la Renaissance,
enrichit la cathédrale de l'extraordinaire jubé, fait
dans le cœur des chênes, aux motifs sculptés mythologiques,
allégoriques ou profanes. Merveilleuse "église de bois"
inscrite à l'intérieur de l'église de pierre. Hors la cathédrale et
son cloître, est la ville haute. Ses maisons aux toits rouges se
pressent autour du centre religieux.
Demeures nobles, dont on lit les armoiries sur
les cintres des portes, vieilles demeures à colombages,
humbles maisonnettes médiévales cherchant la sécurité
derrière les remparts, la barbacane, les solides portes
d'entrée. L'évêché supprimé à la Révolution, la ville haute
entre dans une somnolence qu'elle n'a plus quittée,
tandis qu'en bas, les constructions gagnent la plaine.
Saint-Bertrand, vision frappante par son altière
position, carrée contre les premières pentes pyrénéennes,
seulement dominée par le mont Sacon, et le Tout Puissant !
Le lieu est rare, et incomparable ; il figure bien
la supériorité de l'Esprit sur la matière,
et ce message semble immortel.

Il y a dans l'univers de Saint-Bertrand-de-Comminges,
pourtant déjà fortement marqué par la présence des Pyrénées, un petit air toscan
que suffisent à composer quelques cyprès, une plaine verte, la délicieuse
basilique romane de Saint-Just de Valcabrère et dans le fond,
le village de Saint-Bertrand couvé sur son rocher par l'immense cathédrale.

Comme d'autres cloîtres romans, le cloître de Saint-Bertrand faillit disparaître.
Sauvé "in extremis" d'une ruine sans retour, il restitue l'atmosphère de sécurité voulue
par Saint-Bertrand pour ses chanoines. L'ouverture en belvédère de la galerie
sud sur la campagne environnante, fait unique pour un cloître roman,
lui confère un charme et une lumière qui contribuent à la célébrité du site.

Les maisons les plus anciennes sont groupées dans la ville haute.
L'ancien palais épiscopal et la maison Brideau du XVe siècle ; une maison
à colombages avec son unique fenêtre à meneaux de bois délicatement sculptés.
Maisons cossues des chanoines ou des clercs, des XVIIe et XVIIIe siècles, souvent
dissimulées au fond de grands jardins, ou protégées des regards par de hauts murs.

ARREAU

Les Aurois sont des gens heureux. Leur petite ville
se niche à un confluent des Neste d'Aure et du Lourou,
à une croisée de routes de la vallée d'Aure et de celle des
Pyrénées, au seuil des cols de Peyresourde et d'Aspin.
L'on y entend chanter continuellement l'eau qui bondit sur
les cailloux, et au rythme de cette musique, la vie est
aimable, parce qu'elle n'a guère changé depuis le temps
glorieux où Arreau était capitale des "quatre vallées".
Site alluvionnaire, et donc fertile, la vallée d'Aure
fut occupée aux temps les plus reculés : à l'âge du bronze et
du fer. Ensuite, bien sûr, par les Romains, qui s'y entendaient
en matière de colonies agricoles. Leurs "villas", ou fermes,
sont à l'origine de la plupart des villages qui bordent
les vallées. Sol, comme sous-sol, furent exploités
par nos occupants ; ils trouvèrent de l'or,
de l'argent, du fer et du cuivre…
Puis vinrent les invasions destructrices ; les vallées, lieu
de passage propice, durent souffrir lors de ces déferlements.
Le système féodal arriva, vraiment fait pour multiplier
les fiefs jaloux de leurs particularismes, mais le suzerain
commun aux vallées était le comte héréditaire de Bigorre.
Des rivalités explosaient, engendrant luttes et crises
politiques, dans ces régions où naissait
à peine une hiérarchie organisée.
Les Bigourdans eurent la chance d'avoir pour seigneur
le comte Centulle II, homme sage et diplomate : il saura
élaborer la première charte municipale que l'on ait connue,
et l'accorder à sa ville de Bagnères. Dans le langage
d'alors, cela s'appelle un "for", et préfigure à merveille
les chartes plus tard octroyées dans tout le Sud-Ouest.

Notre petite ville d'Arreau prit sans doute son expansion
après les villes de Bagnères, Lourdes et Ibos.
L'église Sainte-Exupère date du XIIIe siècle : son très beau
portail à colonnettes, fait de marbre des Pyrénées nous en
laisse le témoignage, venu des temps reculés de l'art roman.
Tout près d'Arreau sont les carrières de marbre rouge, veiné
de jaune ou de gris, qui est un matériau désigné
pour les œuvres d'art, et cela depuis longtemps. La paroisse
de Sarrancolin a, elle aussi, son église du XIIe siècle.
Arreau se présente comme une petite ville plutôt
qu'un village, très groupée, coiffée d'ardoises. Les pentes
sont abruptes, pour ne pas retenir plus que de raison les
neiges, et souvent des lucarnes chapeautées des mêmes
ardoises bleues permettent au jour d'éclairer les mansardes.
Arreau est grise et bleue, de la couleur des horizons
embrumés de la montagne. Sa vie est centrée sur l'eau
torrentueuse et glacée qui court, comme une ruelle de plus au
long de ses maisons, à l'architecture typiquement
montagnarde et surtout pyrénéenne avec ses galeries
en balcons de bois qui marquent les étages.
La maison du lys, du XVIe siècle, s'élève en encorbellement
au dessus de son rez-de-chaussée de pierre, aux encadrements
et linteaux sculptés. Ses colombages sont une œuvre d'art :
elle doit son nom aux détails de fleurs de lys répétés
de façon très symétrique.
La mairie construite aussi en colombages, abrite
à l'étage une très belle halle, au pittoresque couvert en anse
de panier. Bienheureux village pyrénéen, Arreau somnole un
peu, réveillé par les visites des touristes, qu'elle accueille
avec la courtoise noblesse inhérente aux bigourdans.

Le dessin en forme de flèche du village a été décidé par la confluence de deux des Nestes Pyrénéennes, cette position stratégique à la clef de deux vallées importantes, décide encore aujourd'hui du sort d'Arreau, dont la renaissance a beaucoup à voir avec la proximité de plusieurs grandes stations de ski.

129

Les toits à forte pente relevés sur les bords en chapeaux de gendarme annoncent la haute montagne et les hivers blancs, tandis que les façades hésitent encore entre la maison de ville et le chalet rustique.

SAINT JEAN
PIED DE PORT

On vous l'avait dit : la campagne Navarraise est
un plaisir des yeux. La route serpente, tourne même
beaucoup ; les vallonnements font des pâturages gorgés d'eau
(la montagne attire les pluies), bien verts, avec des points
blancs éparpillés, les moutons. Plus bas, le vert des champs
de maïs : énormes, comme des cannes à sucre ! et la vigne, et
les maisons que les Basques portent dans leur cœur juste
à côté de Dieu. Leur "Etche Maïtia" résume tout :
le père, la mère, la famille, la terre.
S'il advient qu'un troupeau bousculé par le chien Labrit
encombre la route, et que vous ayez à le laisser passer, vous
échangerez peut-être un regard avec le berger : beau, grand,
noble ; il vous remercie en plissant un peu les yeux, sans "se
découvrir", portant juste la main à la pointe de son béret.
Car c'est ainsi que se traduit la fierté chez les Basques.
Enfin, voilà Saint-Jean-Pied-de-Port. Sa réputation
n'est pas volée : le site est beau… La citadelle, du XVIIe
siècle, remaniée par Vauban, la redoute de Gatzelumendi
et les remparts de la ville haute lui confèrent un caractère
particulier, puissant, de forteresse de frontière.
Dès 1191, au château de Mendiguren, règnaient
les seigneurs représentant le pouvoir du roi de Navarre.
Puis, au XIIIe siècle, la "ville neuve" fut fondée au pied de la
colline. Elle observerait les coutumes de Bayonne.
Ce fut un coup porté à Saint-Jean-Le-Vieux qui jusque-là
avait été le plus grand centre hospitalier
sur la route de Compostelle.
Les pèlerins prirent l'habitude de passer par le Val
Carlos pour atteindre Roncevaux.
En 1530, l'Espagne restitue la Navarre à la France.
Saint-Jean-Pied-de-Port partagera avec Saint-Palais l'honneur
d'être capitale de la Basse Navarre, les seigneurs
d'Albret s'y installeront.
Au XVIIe siècle, Deville, puis Vauban, construisent
la citadelle. On n'a pas trop d'une grande journée pour voir
tout ce qui fait la beauté de la cité.
Les remparts, avec les portes de France, de Navarre,
d'Espagne, de Saint-Jacques. La place du marché, la maison
de Mansart, devenue l'hôtel de ville, celle que l'on nomme, à
tort, nous dira-t-on, la "prison des évêques" ; la maison des
États de Navarre (1610), et beaucoup de belles maisons
navarraises, datant du XVIe au XVIIIe siècles ; le pont
"romain", en dos d'âne d'Eyherraberri ; l'église,
"Notre-Dame du bout du pont", de grès rouge, au clocher-
donjon ; l'église Sainte-Eulalie, au beau portail roman.
La vue du vieux pont est superbe, et d'un peu
partout on voit, très loin, la Basse Navarre et les
Pyrénées. La couleur rosée du grès des constructions
illumine Saint-Jean-Pied-de-Port et enlève ce qu'il y aurait
de rudesse à cet ensemble fait pour la défense et la guerre.
"Ados yaunac ados", qui signifie "égalité",
est chanté par le "compteur", l'arbitre de la partie
qui commence au fronton. Le soir qui tombe va engager
les touristes à reprendre la route.
Ici, la vie continuera, les hommes discutant
de leurs problèmes agricoles, pendant que les femmes
penseront à préparer la piperade du souper.
L'ombre qui tombe favorisera peut-être
une nouvelle aventure pour le contrebandier, dont un frère
est douanier, et l'autre curé.

En bas de la rue de l'Église, Notre-Dame-du-bout-du-pont et sa tour-clocher de grès rouge intégrée aux murs d'enceinte, enfermait l'entrée du vieux bourg.
La tour de Notre-Dame, le pont sur la Nive et les vieilles maisons qui la bordent constituent l'image la plus pittoresque et la plus véhiculée de l'ancienne capitale navarraise. On y lit dans quelques détails la filiation avec le Béarn encore proche mais surtout les signes déjà forts de la culture basque.

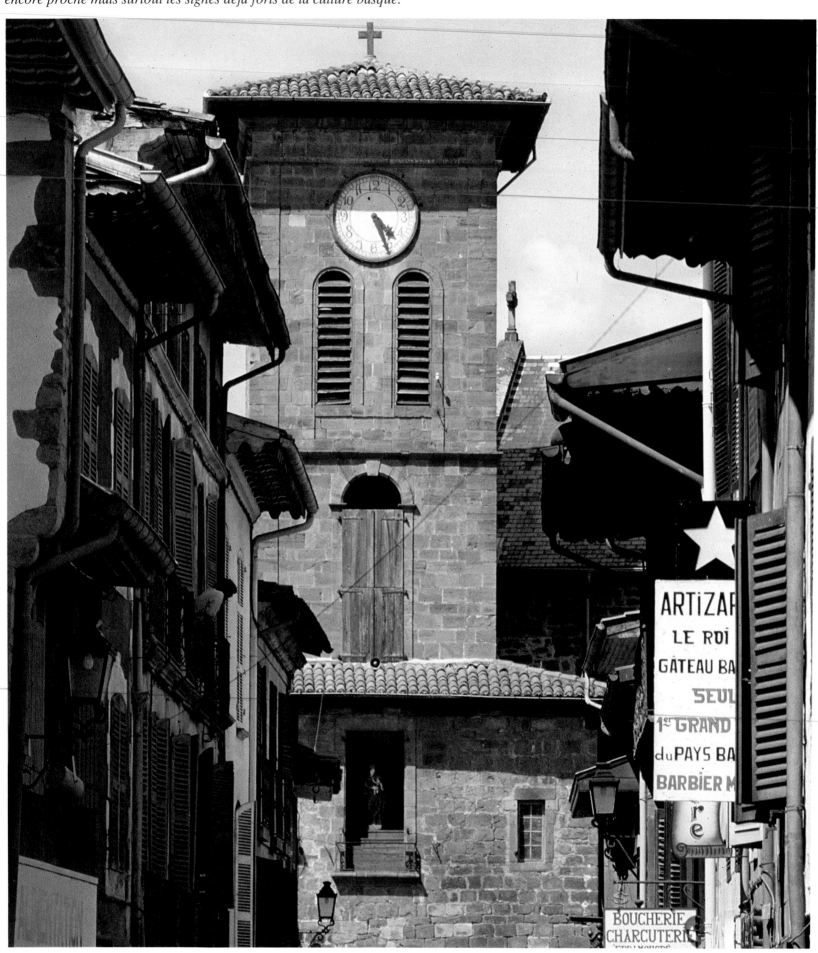

AINHOA

Une rue, bordée de nobles et belles maisons blanches, toutes chargées de leur splendeur passée, court vers Dancharia, et son poste-frontière. Vers l'Espagne, comme nous la nommons, vers la sœur navarraise du Labourd français, disent les Basques... Ici, la devise " *Zazpiak Bat* ", (Sept font un), prend sa pleine signification. Car au IXe siècle se fonda la démocratie basque, basée sur l'entente absolue des sept provinces de même langue, sans souci de frontières, présentes ou futures.

Les temps, avec leurs infortunes passeront sur les sept provinces sans entamer leur autonomie spirituelle. Comme sous les rois anglais, sous l'allégeance à la couronne de France, d'un côté ou de l'autre des Pyrénées, elles n'auront pour drapeau que " l'Ikurrina ", rouge et vert, barré d'une croix de Saint-André blanche.

Ainhoa s'étire, paresseuse sous le doux ciel atlantique, des deux côtés de la rue qui canalise la vie. Il y a l'église et son fronton. Il y a la mairie et ses écoles. Et puis les auberges, les hôtels, les commerces, les maisons nobles ou plus modestes.

Le XVIIe siècle est propice à l'enrichissement du pays basque. Il faut dire que la nécessité a alors souvent poussé les enfants du pays à aller chercher fortune aux " Indes ", qu'ils nommeront ensuite " Amériques ". Le Vénézuela, le Chili, furent créés par des Basques. Nombre de villes de l'Amérique latine également : Asuncion au Paraguay, fondée par Irala ; Manille, fondée par Miguel de Legaspi, ou encore Santa Fe de Vera Cruz, et Montevideo.

Est-ce la proximité de l'océan, un appel impérieux de la mer ? Le Basque, par tradition, sait s'expatrier.

Il revient chez lui, en général enrichi, et deviendra dans la famille "l'Américain", admiré de ceux qui n'ont pas osé tenter l'aventure.

Les raisons d'émigration, au cours de l'histoire d'Ainhoa ont été, il faut le dire, nombreuses ; au XVIIe siècle, le village et ses habitants eurent à souffrir de l'horrible procès, instruit par Pierre de Lancre, à Bordeaux : plus de cinq cents femmes accusées de sorcellerie furent traînées à Saint-Pée-de-Nivelle et brûlées vives. Fuir son pays et les souvenirs insoutenables a pu être pour beaucoup le seul salut. Pendant la Révolution Française, nombreuses furent les exécutions capitales, comme les internements de jeunes recrues accusées de désertion. L'Espagne proche fut le premier pas vers des émigrations plus lointaines dans ces époques troublées. Et pourtant, les Basques reviennent. Rien n'est beau comme leur pays. Ils ramènent d'au-delà des mers la culture du maïs, ou des méthodes d'élevage de moutons. La vie reprend, traversée par des rafales comme la campagne de Napoléon, qui ne fut victorieux, précisément contre Wellington, qu'à Ainhoa... Le second Empire est aimé dans cette province qui se sent proche de la belle impératrice Eugénie de Montijo. Au fronton d'Ainhoa bat le cœur d'Ainhoa, d'un rythme égal au claquement sec de la pelote contre le mur. La rue s'anime tout à coup : un joueur de txitzu, la flûte au son aigü, passe en esquissant pour lui tout seul, pour son plaisir, un petit pas d'Arin. Les gens s'arrêtent pour l'écouter, pour le regarder danser. Un vent du Sud agite le grand drapeau, "l'Ikurrina" ; il flotte, souverain, à la fenêtre de la mairie : " *Zazpiak Bat* ".

*S'il fallait élire le plus
basque des villages basques,
Ainhoa le serait.
Il peut résumer à lui seul
ce style qui a inspiré
tant de villas et
de pavillons de banlieue.*

En dépit de l'uniformité apparente, grands toits de tuiles romaines débordant sur la rue, façades immaculées de chaux, technique séculaire de construction, c'est dans les détails que les maisons se distinguent : la couleur des colombages et des ouvertures, les dessins du fer forgé, les inscriptions et les signes gravés sur les linteaux de pierre qui disent à travers les siècles l'ancienneté d'une famille, ou l'aventure d'un de ses membres.

CIBOURE

Il y a un peu moins d'un siècle, vous auriez pu rencontrer, dans les rues du village, la silhouette insolente d'une "cascarotte", son panier de poissons sur la tête. Il reste encore sans doute des descendants de cette jeune bohémienne à Ciboure aujourd'hui. L'originalité de ce délicieux port de pêche a été de servir de refuge, à travers les temps, aux proscrits, détestés des Basques : soit bohémiens, émigrés en Europe, puis chassés d'Espagne par le roi Philippe III pour des raisons religieuses (ils étaient soupçonnés de sorcellerie), soit encore les "cagots", pauvres gens guéris d'une maladie qui a toujours fait peur : la lèpre blanche. Dieu sait pourquoi, Dieu sait comment, bohémiens ou cagots ne furent pas chassés par les gens de Ciboure, qui pourtant ne poussèrent pas l'hospitalité jusqu'à la cohabitation : des passages dans les rues, une porte spéciale à l'église et même un bénitier leur étaient réservés, comme seulement certains métiers pouvaient être pratiqués par eux. Ils étaient tolérés, mais non adoptés. On dit encore que les cagots ont laissé des signes particuliers à leur descendance, et qu'on peut les reconnaître à leurs oreilles rondes, et leur nez camus... mais il y a fort à parier qu'ils se mélangent à tous les habitants maintenant, de Ciboure, ou d'ailleurs.

Saint-Jean-de-Luz, Socoa et Ciboure forment un tout. Leur histoire est intimement liée, comme le pittoresque de l'un s'ajoute au charme de l'autre. Longtemps, avec Hendaye, Ciboure fit partie de la plus ancienne paroisse du Labourd ; elle s'étendait de la Nivelle à la Bidassoa. Voisines, Saint-Jean-de-Luz et Ciboure ont eu des rivalités sanglantes, que les Récollets, en 1612, tentèrent de conjurer en faisant élever un couvent "Notre-Dame de la paix", sur l'île de la Nivelle, entre les deux villes. Aujourd'hui Ciboure, qui en basque signifie "tête de pont" a accepté sa différence. Ce n'est pas une ville. Mais son caractère est farouchement gardé ; ce ne sera pas un faubourg de Saint-Jean-de-Luz dont il n'est séparé que par un pont.

Beaucoup de très belles maisons à voir, dont celle de Maurice Ravel, l'enfant du pays... mais justement, celle-ci n'est pas basque, mais de style flamand. Colombages et encorbellements pour d'autres, si typiques et restées les mêmes qu'on en est attendri, égrenées le long d'une rue, ou tout près du beau clocher octogonal à toits superposés de l'église. Belle autant à l'intérieur qu'au dehors ; une nef unique, lambrissée, trois étages de ces galeries de bois caractéristiques du Labourd.

Au couvent des Récollets, devenu la douane, il y a un cloître, et un puits couvert, dit-on, grâce à un don de Mazarin. La colline de Ciboure, verte, émaillée du blanc des villas, domine Socoa, son fort de Vauban sur lequel battent rudement les brisants de l'Océan.

Accroché au flanc, le cimetière marin, où Pierre Benoit désira être inhumé. L'île aux faisans est proche, comme l'église de Saint Jean de Luz où furent célébrées les noces du roi Soleil et de l'infante espagnole. C'est dire que ce très beau coin où se termine la France est "royalement célèbre". Ciboure est un village éveillé et actif. Les thonniers qui se balancent au port fournissent le poisson qui est mis en conserve ici, donnant des emplois à ceux qui ne sont pas des marins.

Si ce n'était un pont sur la Nivelle, Ciboure
ferait partie intégrante de Saint-Jean-de-Luz.
Derrière la forêt de mâts du port de plaisance,
le rythme des maisons basques à pans de bois
est rompu par le clocher à double lanternon.

La curieuse architecture d'inspiration
hollandaise de la maison de Maurice Ravel.
En retrait, la rue Pocalette mêle les maisons
labourdines des XVᵉ et XVIᵉ siècles,
enguirlandées de glycines et de géraniums,
et les hautes demeures de pierres plus nobles.

Remerciements

Pour l'aide qu'ils ont apportée à la réalisation de cet ouvrage,
nous tenons à remercier tout particulièrement :

Inès et Diego

André Bos
Mme de Boyer-Montaigu
Mme Monique Britsch
Stéphane Coll de Barre
Dominique et Florence Delavergne
Mr Fagoaga
Louis-Charles de Roquette-Buisson
M^r et Mme Henri Sarramon

et la compagnie Air Inter

Imprimerie A. Robert
116, bd de la Pomme
13011 Marseille